董金裕——— 编撰

明夷待访录
忠臣孝子的悲愿

九州出版社
JIUZHOUPRESS

图书在版编目（CIP）数据

明夷待访录：忠臣孝子的悲愿 / 董金裕编著. --
北京：九州出版社，2018.12
　　ISBN 978-7-5108-7798-8

　　Ⅰ. ①明… Ⅱ. ①董… Ⅲ. ①哲学思想－中国－清前
期 Ⅳ. ①B249.32

中国版本图书馆CIP数据核字(2019)第004269号

明夷待访录：忠臣孝子的悲愿

作　　者　　董金裕
责任编辑　　张艳玲
出版发行　　九州出版社
地　　址　　北京市西城区阜外大街甲 35 号（100037）
发行电话　　(010)68992190/3/5/6
网　　址　　www.jiuzhoupress.com
电子信箱　　jiuzhou@jiuzhoupress.com
印　　刷　　三河市兴博印务有限公司
开　　本　　787 毫米×1092 毫米　32 开
印　　张　　6
字　　数　　120 千字
版　　次　　2021 年 6 月第 1 版
印　　次　　2021 年 6 月第 1 次印刷
书　　号　　ISBN 978-7-5108-7798-8
定　　价　　40.00 元

用经典滋养灵魂

龚鹏程

　　每个民族都有它自己的经典。经，指其所载之内容足以做为后世的纲维；典，谓其可为典范。因此它常被视为一切知识、价值观、世界观的依据或来源。早期只典守在神巫和大僚手上，后来则成为该民族累世传习、讽诵不辍的基本典籍。或称核心典籍，甚至是"圣书"。

　　佛经、圣经、古兰经等都是如此，中国也不例外。文化总体上的经典是六经：《诗》《书》《礼》《乐》《易》《春秋》。依此而发展出来的各个学门或学派，另有其专业上的经典，如墨家有其《墨经》。老子后学也将其书视为经，战国时便开始有人替它作传、作解。兵家则有其《武经七书》。算家亦有《周髀算经》等所谓《算经十书》。流衍所及，竟至喝酒有《酒经》，饮茶有《茶经》，下棋有《弈经》，相鹤相马相牛亦皆有经。此类支流稗末，固然不能与六经相比肩，但它各自代表了在它那一个领域中的核心知识地位，却是很显然的。

我国历代教育和社会文化，就是以六经为基础来发展的。直到清末废科举、立学堂以后才产生剧变。但当时新设的学堂虽仿洋制，却仍保留了读经课程，以示根本未隳。辛亥革命后，蔡元培担任教育总长才开始废除读经。接着，他主持北京大学时出现的"新文化运动"更进一步发起对传统文化的攻击。趋势竟由废弃文言，提倡白话文学，一直走到深入的反传统中去。论调越来越激烈，行动越来越鲁莽。

台湾的教育、政治发展和社会文化意识，其实也一直以延续五四精神自居，以自由、民主、科学为号召。故其反传统气氛，及其体现于教育结构中者，与当时大陆不过程度略异而已，仅是社会中还遗存着若干传统社会的礼俗及观念罢了。后来，台湾朝野才惕然憬醒，开始提倡"文化复兴运动"，在学校课程中增加了经典的内容。但不叫读经，乃是摘选《四书》为《中国文化基本教材》，以为补充。另成立文化复兴委员会，开始做经典的白话注释，向社会推广。

文化复兴运动之功过，诚乎难言，此处也不必细说，总之是虽调整了西化的方向及反传统的势能，但对社会普遍民众的文化意识，还没能起到警醒的作用；了解传统、阅读经典，也还没成为风气或行动。

二十世纪七十年代后期，高信疆、柯元馨夫妇接掌了当时台湾第一大报中国时报的副刊与出版社编务，针对这个现象，遂策划了《中国历代经典宝库》这一大套书。精选影响国人最为深远的典籍，包括了六经及诸子、文艺各领域的经典，遍邀名家为之疏解，并附录原文以供参照，一时朝野震动，风气丕变。

其所以震动社会，原因一是典籍选得精切。不蔓不枝，能体现传统文化的基本匡廓。二是体例确实。经典篇幅广狭不一、深浅悬隔，如《资治通鉴》那么庞大，《尚书》那么深奥，它们跟小说戏曲是截然不同的。如何在一套书里，用类似的体例来处理，很可以看出编辑人的功力。三是作者群涵盖了几乎全台湾的学术菁英，群策群力，全面动员。这也是过去所没有的。四，编审严格。大部丛书，作者庞杂，集稿统稿就十分重要，否则便会出现良莠不齐之现象。这套书虽广征名家撰作，但在审定正讹、统一文字风格方面，确乎花了极大气力。再加上撰稿人都把这套书当成是写给自己子弟看的传家宝，写得特别矜慎，成绩当然非其他的书所能比。五，当时高信疆夫妇利用报社传播之便，将出版与报纸媒体做了最好、最彻底的结合，使得这套书成了家喻户晓、众所翘盼的文化甘霖，人人都想一沾法雨。六，当时出版采用豪华的小牛皮烫金装帧，精美大方，辅以雕花木柜。虽所费不赀，却是经济刚刚腾飞时一个中产家庭最好的文化陈设，书香家庭的想象，由此开始落实。许多家庭乃因买进这套书，而仿佛种下了诗礼传家的根。

高先生综理编务，辅佐实际的是周安托兄。两君都是诗人，且侠情肝胆照人。中华文化复起、国魂再振、民气方舒，则是他们的理想，因此编这套书，似乎就是一场织梦之旅，号称传承经典，实则意拟宏开未来。

我很幸运，也曾参与到这一场歌唱青春的行列中，去贡献微末。先是与林明峪共同参与黄庆萱老师改写《西游记》的工作，继而再协助安托统稿，推敲是非、斟酌文辞。对整套书说不上有什么助益，自己倒是收获良多。

书成之后，好评如潮，数十年来一再改版翻印，直到现在。经典常读常新，当时对经典的现代解读目前也仍未过时，依旧在散光发热，滋养民族新一代的灵魂。只不过光阴毕竟可畏，安托与信疆俱已逝去，来不及看到他们播下的种子继续发芽生长了。

当年参与这套书的人很多，我仅是其中一员小将。聊述战场，回思天宝，所见不过如此，其实说不清楚它的实况。但这个小侧写，或许有助于今日阅读这套书的大陆青年理解该书的价值与出版经纬，是为序。

政治思想的光辉巨著

董金裕

政治是管理众人的事，因此从消极方面来说，我们每个人既然都不能离开群体而独自生活，所以众人的事务是否管理得当，也就是政治的好坏，可以说跟我们是休戚相关，利害与共。再从积极方面来说，所谓"国家兴亡，匹夫有责"，政治的好坏关系国家的兴亡至大，我们既然身为国民的一分子，对于国家当然必须负起一定的责任，所以对于政治也就不能不寄予相当程度的关切。

我们既然要对政治寄予相当程度的关切，就要对有关政治的事务，不管是思想理论，还是实际措施有所了解，因为这些都是先民们经过长期的思考试验，不断地改革演进而来的。所以我们今天推行政治，不仅要衡量当今的时代与环境，更需要探讨古来有关政治方面的因革损益与利弊得失，使我们有所借鉴，一方面可以避免重蹈覆辙，另一方面更可以在原有的基础之上精益求精，以期为人民谋取更多的幸福，并为国家奠定长治久安的局面。

明末大儒黄宗羲在国破家亡、饱受刺激之余，以其对于国家民族的关切之情，对于政治事务的明睿之智，发挥其政治理想，从思想的立场，检讨明代政制的是非，并上溯我国自三代以来的政治措施，完成《明夷待访录》一书，对于政教军经种种政治上的措施，不仅能提出他的思想理论，更能够指出实际推行时的应兴应革之道，不仅层面广泛，而且体用兼具，实为我国政治思想史上难得一见的较有系统的著作。

《明夷待访录》书中所提到的一些政治上的实际措施，虽然到了今天，由于时代改变，形势不同，不一定能够适用，但是其中却还有很多值得我们今天作为参考的。尤其是在思想理论方面，黄宗羲在书中极为强调天下为公之义，更可以作为我们今天发展民主法治的基础。因此希望读者能通过对于本书的研读，了解黄宗羲的政治理想，更进一步地秉承其精神用心，对于国家的政治发展提供改革意见，寄予更多的关切，使我们的政治能够更为澄明，国家民族能够更为昌盛繁荣。

目　录

【导读】政治思想的光辉巨著 ……………………………………7

序　例 ………………………………………………………………11

导　言 ………………………………………………………………13

第一章　设置君王的本意（《原君》）………………………………23

第二章　设置人臣的本意（《原臣》）………………………………35

第三章　设立法制的本意（《原法》）………………………………45

第四章　宰相的设置（《置相》）……………………………………56

第五章　学校的设置（《学校》）……………………………………69

第六章　人才的选用（《取士》上、下）……………………………84

第七章　国都的奠定（《建都》）……………………………………99

第八章　方镇的设置（《方镇》）…………………………………109

第九章　土地制度的改革（《田制》一、二、三）…………………115

第十章　军事制度的改革（《兵制》一、二、三）.................132

第十一章　财政制度的改革（《财计》一、二、三）.............147

第十二章　僚属佐吏的改革（《胥吏》）....................160

第十三章　宦官问题的解决（《奄宦》上、下）....167

附录一　黄宗羲的生平 175

附录二　黄宗羲的著作 187

序　例

一、黄宗羲在少年时期，曾经为了要报父仇而椎击奸佞，因此被赞叹为"忠臣孝子"。后来他写作《明夷待访录》，如站在天下为一家的立场，他的处心用意，与"忠臣孝子"实无二致，所以本书乃命名为《明夷待访录——忠臣孝子的悲愿》。

二、《明夷待访录》全书共计有二十一篇文章，但如将《取士》（上、下），《田制》（一、二、三），《兵制》（一、二、三），《财计》（一、二、三），《奄宦》（上、下），各归并成为一篇，则只有十三篇而已。本书即根据此十三篇文章，各依题意，另立标目，并将原题附注于下，以介绍黄宗羲的政治思想。

三、在这十三篇文章当中，《原君》、《原臣》、《原法》、《置相》、《学校》、《取士》（上、下）、《建都》七篇，或者最能代表黄宗羲的主要思想，或者在今天比较具有参考的价值。所以类分为说解、原文、注释、语译、评述五项，作比较详细的介绍。其余各篇则仅分为说解、原文、注释三项，作比较简略的介绍。但《学校》《取士》两篇文章中，有部分文字因过于琐细，所以语译的部分就加以省略。

四、介绍虽然有详略的分别，但是为了有助于读者的研读了解，有语译的篇章，注释部分尽量从简；没有语译的篇章，注释则力求详细。又，仅有说解而无评述的篇章，在说解中也附加简要的评述之语。

五、原文的文字及分段完全依据世界书局出版的《明夷待访录》校印本，但标点符号则略有更改。

六、评述部分为编者研读《明夷待访录》的心得，也是编者最费心之处。虽然仁智异见，其中所述亦不敢自认必有可取，但希望对于读者的观念能够有所启示，则于愿足矣。

七、本书末附黄宗羲的生平与著作，以作为读者进一步了解黄宗羲及其思想的参考。

八、著作固然不容易，编撰实则也有相当的困难，编者编撰此书虽然不敢掉以轻心，但个人才学终属有限，疏漏之处，自然难免，尚祈读者研阅之后能不吝指正。

导　言

一、书名的意义

"明夷"是《周易》六十四卦中第三十六卦的卦名，其卦象为䷣，离☲在下，坤☷在上，离代表日，坤代表地，日入地中，光明就被掩蔽了。夷的意思是损伤，太阳既潜藏在地下，无法焕发光芒，如同受到损伤一般，所以称"明夷"。此卦在人事上有双重的意义：一是代表昏君在上，明臣在下，不能发挥才干，实现理想，处境非常艰难困苦。二是代表目前的境况虽然暗淡，但是前途却是一片光明，就如太阳虽潜伏地下，最后还是会升出地平线，散发光辉，使大地化暗为明。

根据《尚书·洪范》的记载，周武王平定天下以后，拜访商朝遗臣箕子，向他请教治理天下国家的至理要道，箕子乃向周武王陈述九项治理天下国家的大法则，武王接纳他的意见，封赐诸侯，使上下尊卑各有等分，天下因而获得安定太平。

综合以上二书的说法，所谓"明夷待访"，意思是指在艰难困苦的时势中，既然不能实现抱负，只好把理想寄托在书中，等待以后的圣君来访察采行。顾炎武在读了此书以后，曾写信给黄宗羲，说："天下之事，有其识者未必遭其时，而当其时者或无其识。古之君子所以著书待后，有王者起，得而师之。"最能了解黄宗羲的用心，说明这本书所以取名为《明夷待访录》的意义。

二、著书的动机

黄宗羲写作《明夷待访录》的动机，后人有截然不同的看法。就《周易》明夷卦的卦义来看，他借此书来抒发其政治理想，希望天下能够太平安定，这点是无可置疑的。可是就《尚书·洪范》的记载而言，到底黄宗羲所待访的对象为谁？却有很大的争议。这种争议不仅有关黄宗羲的人格，并且和我们中华民族的正气纲常有很大的牵涉。

由于黄宗羲在此书的序言中曾说："吾虽老矣，如箕子之见访，或庶几焉。"很明白的是引喻周武王拜访商朝遗臣箕子，向他请教治道的故事。因此章太炎便根据这一点，在《太炎文录》的《说文上》篇中，认为黄宗羲所待访的对象是清朝皇帝，以故对黄宗羲相当不满，而大加讥评，指责他"守节不孙"。

但是梁启超则根据此书开始写作于康熙元年（1662），完成于康熙二年的事实，认为当时明朝的遗老，因为清世祖顺治皇帝刚刚去世，光复有日，所以黄宗羲所待访的对象应该是"代清而兴者"。杨家骆先生也根据此书写作的时间正好是郑成功攻下台湾的第二、三年，认为箕子虽受武王之访，却另外立国于朝鲜，则黄宗羲所待访的对象，或许是"如箕子朝鲜之延平海国"，并且进一步地指出"如箕子之见访"，不应解释为"如箕子受武王之访以访我"，而应解释为"如箕子一类人物之访我"。

对于以上的争议，到底谁是谁非？我们应该从两方面来考察。首先，就黄宗羲写作此书的时代而言，满清刚以异族入主中原不久，正不遗余力地铲除反抗势力，对于读书人，每每起文字狱加以钳制。尤其是在康熙二年，也就是《明夷待访录》完成的这一年，"庄廷鑨明史狱"才发生。据全祖望在此书后面的跋语，说："原本不止于此，以多嫌讳，弗尽出。"可见黄宗羲在异族的高压统治下，为了避嫌忌讳，抒发自己的理想抱负，才不得不故意地以箕子见访作为全身避祸的托词，有其苦心悲意在。其次，就黄宗羲的行为出处而言，他在明朝思宗崇祯皇帝殉国以后，即不顾身家的安危，召集义兵，积极从事反清复明的活动，甚至于不辞风波之险，远渡重洋，希望能向日本乞得援兵。直到清朝已经平定整个天下，黄宗羲眼看大势已去，才开始不过问世事，专心致力于讲学著述的工作。后来清廷曾屡次征召他出来做官，他都加以拒绝。而且当康熙十八年（1679），他最得意的弟子万斯同到北京同修明史，黄宗羲为他送行时，还告诫他千万不可以向异代君王奏陈太平之策。以黄宗羲这样的高风亮节，其所待访的对象虽然未必是像郑成功一样的延平海国，但是我们却可以断言，绝不可能是他所曾经反抗过、拒绝过的清朝政权。

三、书中的内容

《明夷待访录》全书共分为《原君》《原臣》《原法》《置相》《学校》《取士上》《取士下》《建都》《方镇》《田制一》《田制二》《田制三》《兵制一》《兵制二》《兵制三》《财计一》《财计二》《财计三》《胥吏》《奄宦上》《奄宦下》，计二十一篇。对于国家的政体、国体、教育、选举、法制、官制、兵制、田制、财政，以及建都问题，都有他独特的见解，尤其在抨击专制，伸张民权方面，更是不遗余力。

就政体方面而言，黄宗羲虽然尚无法摆脱时代的局限，依旧秉持君主政体的观点，但是在《原君》篇中，已能指出君主的职分乃在于为人民谋福利。如果君主不能明白自己的职分，而把天下视为一家之利，不仅将贻害人民，而且也会使自己的家族遭受灾祸。所以理想的政治，应该是以人民为主，君主为次的。

在国体方面，黄宗羲既然极力反对君主专制，所以主张分权而治。在《方镇》篇中，他比较了封建与郡县两种政治制度，认为都有弊病。要免除两者之弊，只有采行唐朝的制度，在沿边一带，设立方镇，如此则各方镇可以自给自足，战守自固，以防御外敌，同时也能够牵制中央，使其不致过分集权。

就教育方面而言，黄宗羲以为学校教育与治理天下有极为密切的关系。在《学校》篇中，他除了主张于郡县普遍设置各类学校，开设各种培养通才以及实用人才的课程以外，又认为学校的功能不仅在于培养士人，也在培养健全的舆论力量，以监督批评政府的施政得失，避免天下是非都出于天子的弊害。

在选举人才方面，黄宗羲以为国家只用科举的方式选拔人才，容易产生流弊。在《取士》上、下两篇中，除了抨击科举的流弊以外，并提出多种取士之道，认为如果能够分别以不同的方法来选拔各方面的人才，彼此配合，并对科举稍加改良，即使科举也仍不失为一种取士的好方法。基本上他主张要宽以取士，严以用士，这样国家才能多方面罗致人才。

就法制方面而言，黄宗羲在《原法》篇中，提出"有治法而后有治人"的看法，认为法治是人治的基础。立法的最高原则乃在于为人民谋求福利，所以治法的标准不在于法律条文的疏密，而在于立法精神的为公或为私。如果是为私，尽管法条再严密，大家也会钻法律的漏洞，谋求私利；如果是为公，即使法条宽疏，也没人会玩法倡乱。

在官制方面，黄宗羲先在《原臣》篇中，指明君臣的职责都是在为民服务，因此其地位应该是相等的。又在《置相》《胥吏》

《奄宦（上、下）》等篇中，针对明代专制的流弊，深刻地指出宰相不仅辅佐君主治理天下，而且还可以补救君主政体的缺失。明代由于废相不置，中央政府的大权旁落到宦官手中，地方政府也因任由胥吏玩法弄权，官制大坏。所以他除了主张不能罢除宰相外，并对胥吏、宦官的设置提出许多改革的办法。

就兵制方面而言，黄宗羲认为"天下之兵当取之于口，而天下为兵之费当取之于户"，既略似于现代的征兵制，又可免除国家庞大的军费负担。此外，他又主张文武应当合为一途，使为儒生者能知兵书战策，为武夫者也能知亲上爱民，如此则文人暗弱或武人倡乱的弊病都可以消弭于无形。

在田制方面，黄宗羲主张恢复古代的井田之制，由国家授田，再按田课税，务使耕者有其田，民生才不至于劳瘁，以力矫专制政府弃民不养的恶习。

就财政方面而言，黄宗羲认为应该废金银而用钱，如此将可利便人民。虽然他的此种建议在财政上并无积极彻底的改革意义，但仍是以人民的利益为依归。

至于建都问题，黄宗羲考察明代的历史，发现建都于北京有种种的不便，以致造成许多困败，因而主张国都应该奠定在富庶繁华的南京，才能永固国家的根本。

综合以上的叙述，我们可以看出《明夷待访录》内容的广泛，有关政治上的各种问题几乎都接触到了。其中有许多的观点，到今天虽然已时移势异，却仍有很大的参考价值。当然也有些是专门针对明代政制的流弊而发，有些则依旧不免于受到传统观念的局限。但是不管如何，我们还是可以通过他的议论，深刻地体会到他对人民福祉的关切之情，以及他那种注重实用、不尚空谈的笃实态度。

四、对此书的评价

对于《明夷待访录》一书，除了章太炎因误认黄宗羲所待访的对象为清朝皇帝，而站在民族大义的立场，对之大加抨击以外，其余各家对其著书的动机或书中的内容，无不极为推崇。兹选择较具代表性者，将其说法胪列于下，以作为读者的参考。

（一）顾炎武

顾炎武于康熙十五年（1676），曾写信给黄宗羲，其中有云：

伏念炎武自中年以前，不过从诸文士之后，注虫鱼，吟风月而已。积以岁月，穷探古今，然后知后海先河，为山覆篑；而于圣贤六经之指，国家治乱之原，生民根本之计，渐有所窥……大著《待访录》，读之再三，于是知天下之未尝无人，百王之敝可以复起，而三代之盛可以徐还也。天下之事，有其识者未必遭其时，而当其时者或无其识。古之君子所以著书待后，有王者起，得而师之。然而《易》"穷则变，变则通，通则久"，圣人复起而不易吾言，可预信于今日也。

（二）梁启超

梁启超《中国近三百年学术史》：

梨洲有一部怪书，名曰《明夷待访录》。这部书是他的政治理想，从今日青年眼光看去，虽像平平无奇，但三百年前——卢骚《民约论》出世前之数十年，有这等议论，不能不算人类文化之一高贵产品。……（引《原君》《原法》《学校》篇文）像这类话，的确含有民主主义的精神——虽然很幼稚——对于三千年专制政治思想为极大胆的反抗……此外书中各篇，如《田制》《兵制》《财计》等，虽多半对当时立论，但亦有许多警拔之说。如主张迁都南京，主张变通推广"卫所屯田"之法，使民能耕者皆有田可耕，主张废止金银货币。此类议论，虽在今日或将来，依然有相当的价值。

（三）萧公权

萧公权《中国政治思想史》：

梨洲不汲汲于致用，而其《待访录》所陈之政治理想则为其学术中最精彩之一部分，在亡明遗老中殆可首屈一指……梨洲贵民之政治哲学，就上述者观之，诚首尾贯通，本末具备，为前此之所罕觏。夫专制之威至明而极，故专制之害至明而显。梨洲贵民之古义，不啻向专制天下之制度作正面之攻击。使黄氏生当清季，其为一热烈之民权主义者，殆属可能。

（四）钱穆

钱穆《中国近三百年学术史》：

明社既屋，兴复之望既绝，乃始激而为政治上根本改造之空想。此亦明末遗老一种共有之态度，而梨洲对政治理想之贡献，则较同时诸老为宏深。其议论备见于所为《明夷待访录》……其《原君》《原臣》诸篇，发明民主精义，已为近人传诵。……（引《原法》《置相》《学校》篇文）皆与《原君》《原臣》两篇用意相足。其他诸篇，亦皆对政治上几种重要问题加以根本之讨虑。

五、此书的影响

《明夷待访录》由于激烈地反对"家天下"的观念，极力抨击君主专制，所以在清朝乾隆年间即被列为禁书，对清朝的政治当然不能产生任何影响。可是到了清朝末年，由于西方民主思潮的东传，此书即开始发挥它的作用。据梁启超《中国近三百年学术史》云：

在三十年前（按，梁书完成于 1923 年），我们当学生时代，实为刺激青年最有力之兴奋剂。我自己的政治运动，可以说是受这部书的影响最早而最深。

并说：

光绪间，我们一班朋友曾私印许多送人，作为宣传民主主义的工具。

又，梁启超《清代学术概论》亦云：

梁启超、谭嗣同辈倡民权共和之说，则将其节抄，印数万本，秘密散布，于晚清思想之骤变，极有力焉。

此外，据吴相湘《孙逸仙先生——中华民国国父》及林桂圃《国父的革命民权说》所载，孙中山在海外奔走提倡革命之际，即经常随身携带《明夷待访录》一书，时时翻阅其中的《原君》《原臣》二篇，对于孙中山的革命学说，当有启发作用。

由上所述，可见黄宗羲的《明夷待访录》不仅有助于清朝末年的变法维新运动，就是对于推翻清朝专制政体，建立中华民国，也有它的贡献。

第一章 设置君王的本意（《原君》）

（一）说解

　　人类所营的是群居的生活，为了维护群体的利益，便在众人之中，推举一位聪明才智比较高的人作为领袖，来替大家效劳服务，以兴利除弊。这个被大家推举出来的人，为了顾及整个群体的福利，必然要操心劳力，作出比一般人多的贡献。由此可见，人类当初设置君王，其本意是要他来对群体提供服务，并不是要他来欺压大众，以供其挥霍享受。

　　黄宗羲认为按照人的常情，每个人都是自私自利、好逸恶劳的。因此有些人就不愿意出来为大家效劳服务，有些人则虽出来为大家效劳服务，但一有机会，便把君王的职位推让给其他的人来担任。由于大家都了解设置君王的本意，所以对担任君王，为大家牺牲的人，都存有一份感激的心情，对他们的君王也就十分地敬爱拥戴。也由于大家都了解设置君王的本意，所以对君王的职位，都是避之唯恐不及，当然也就不会竞相争夺了。

可是到了后来，大家渐渐地不了解设置君王的本意，认为当君王的人可以掌握天下的生杀大权，而君王为了谋取个人的私利，便尽量地对人民大众进行压榨，使得人民大众遭受到无穷的祸害痛苦。大家眼看君王不仅不能为自己谋求福利，反而给自己带来沉重的负担与不幸，当然也就怨恨起君王，把君王看作眼中钉、肉中刺，想要拔之而后快了。

由于大家都已不了解设置君王的本意，只知道当君王的人可以作威作福，纵情享乐，不免心妒眼红，想要夺取君王的职位。于是想要当君王的人，为了达成自己的目标，便不择手段地驱迫众人，为他出力卖命，使人民饱受流离死亡的痛苦。而已经争取到君王职位的人，为了保有自己的私利，更是想尽办法，一方面尽量地对人民大众搜刮压榨，一方面尽量地给予人民大众钳制拘限，使人民饱受种种不便的痛苦。

但是一个人的聪明才智总是有限，而天下想要争夺君王职位的人却是很多，所以在寡不敌众的情形下，当上君王的人，或早或晚，最后必然会被人推翻。倒霉遭殃的不是自己，就是自己的后代子孙。但是无辜的人民大众，却要在这对君王职位的你争我夺、永无休止的循环中，担任被牺牲者的角色，任人宰割摧残，而陷入万古不复的浩劫之中。

由此可知，当君王的人如果不能了解设置君王的本意，好好地尽自己为人民大众兴利除弊的义务，不仅将使人民大众饱受痛苦，而且也会给自己或自己的后代子孙带来灾殃，损人而并不利己，实在是悲哀啊！然而一些迂腐的儒生，却认为臣民只有竭力奉事君王，才是尽责守分，见识实在是浅陋！所以黄宗羲认为只有让大家都充分地明了设置君王的本意，使君王善尽其福人利民的职责，那么大家也就不会对君王的职位争相抢夺，人民大众也就不会遭受祸难痛苦了。

（二）原文

有生之初，人各自私也，人各自利也；天下有公利而莫或兴之，有公害而莫或除之。有人者出，不以一己之利为利，而使天下受其利，不以一己之害为害，而使天下释其害；此其人之勤劳必千万于天下之人。夫以千万倍之勤劳，而己又不享其利，必非天下之人情所欲居也。故古之人君，去之而不欲入者，许由、务光①是也；入而又去之者，尧、舜是也；初不欲入而不得去者，禹是也。岂古之人有所异哉！好逸恶劳，亦犹夫人之情也。

后之为人君者不然，以为天下利害之权皆出于我，我以天下之利尽归于己，以天下之害尽归于人，亦无不可。使天下之人不敢自私，不敢自利，以我之大私为天下之大公。始而惭焉，久而安焉，视天下为莫大之产业，传之子孙，受享无穷。汉高帝所谓

"某业所就孰与仲多②"者，其逐利之情，不觉溢之于辞矣。此无他，古者以天下为主，君为客，凡君之所毕世而经营者，为天下也。今以君为主，天下为客，凡天下之无地而得安宁者，为君也。是以其未得之也，屠毒天下之肝脑，离散天下之子女，以博我一人之产业，曾不惨然，曰："我固为子孙创业也。"其既得之也，敲剥天下之骨髓，离散天下之子女，以奉我一人之淫乐，视为当然，曰："此我产业之花息也。"然则为天下之大害者，君而已矣。向使无君，人各得自私也，人各得自利也。呜呼！岂设君之道固如是乎！

古者天下之人爱戴其君，比之如父，拟之如天，诚不为过也。今也天下之人怨恶其君，视之如寇仇③，名之为独夫④，固其所也。而小儒规规焉⑤以君臣之义无所逃于天地之间，至桀、纣之暴，犹谓汤、武不当诛之，而妄传伯夷、叔齐⑥无稽之事，使兆人万姓崩溃之血肉，曾不异夫腐鼠。岂天地之大，于兆人万姓之中，独私其一人一姓乎！是故武王圣人也，孟子之言圣人之言也。后世之君，欲以如父如天之空名，禁人之窥伺者，皆不便于其言，至废孟子而不立⑦，非导源于小儒乎！

虽然，使后之为君者果能保此产业，传之无穷，亦无怪乎其私之也。既以产业视之，人之欲得产业，谁不如我？摄缄縢，固扃鐍⑧，一人之智力不能胜天下欲得之者之众，远者数世，近者及身，其血肉之崩溃在其子孙矣！昔人愿世世无生帝王家⑨，而毅宗之语公主，亦曰："若何为生我家⑩？"痛哉斯言！回思创业时，其欲得天下之心，有不废然摧沮者乎！是故明乎为君之职分，则唐、虞之世，人人能让，许由、务光非绝尘^①也。不明乎为君之职分，则市井之间，人人可欲，许由、务光所以旷后世而不闻也。然君之职分难明，以俄顷淫乐不易无穷之悲，虽愚者亦明之矣。

【注释】

① 许由、务光：两人皆古代的高士。许由，字武仲，阳城槐里人。庄子以为尧之师，行谊方正，隐居于沛泽。尧以天下让之，不受，逃耕于中岳颍水之阳，箕山之下。尧又欲召为九州长，由不欲闻，洗耳于颍水之滨。事见《庄子·天地》以及《庄子·让王》《史记·伯夷叔齐列传》及皇甫谧《高士传》。务光，《庄子·让王》作瞀光，《荀子·成相》作牟光。夏朝人，好琴。汤将伐桀，与务光谋议，光曰："非吾事也。"拒之。及汤放桀，以天下让之，务光辞曰："废上，非义也；杀民，非仁也；人犯其难，我享其利，非廉也。吾闻之曰，非其义者，不受其禄；无道之世，不践其土。况尊我乎！吾不忍久见也。"乃负石自沉于庐水。事见《庄子·让王》。

② 某业所就孰与仲多：某，我也，汉高祖自称。仲，古人以伯、仲、叔、季为兄弟排行之称；仲，指汉高祖的二哥。事见《史记·高祖本纪》："九年，未央宫成，高祖大朝诸侯群臣，置酒未央前殿。高祖奉玉卮起为太上皇寿，曰：'始大人常以臣无赖，

不能治产业，不如仲力；今某之业所就，孰与仲多？'殿上群臣皆呼万岁。"

③ 视之如寇仇：寇仇，敌寇仇人也。语见《孟子·离娄下》："孟子告齐宣王曰：'君之视臣如手足，则臣视君如腹心；君之视臣如犬马，则臣视君如国人；君之视臣如土芥，则臣视君如寇仇。'"

④ 名之为独夫：独夫，指不仁不义、众叛亲离的人。语见伪古文《尚书·泰誓》："古人有言曰：'抚我则后，虐我则仇。'独夫受，洪惟作威，乃汝世仇。"受，商纣名。蔡沉《书经集传》："独夫，言天命已绝，人心已去，但一独夫耳。"孟子则称之为一夫，《孟子·梁惠王下》："齐宣王问曰：'汤放桀，武王伐纣，有诸？'孟子对曰：'于传有之。'曰：'臣弑其君，可乎？'曰：'贼仁者谓之贼，贼义者谓之残；残贼之人，谓之一夫。闻诛一夫纣矣，未闻弑君也。'"

⑤ 规规焉：见识浅短的样子。语见《荀子·非十二子》："学者之嵬容，睟睟然。"杨倞注："睟与规同，规规，小见之貌。"

⑥ 伯夷、叔齐：《史记·伯夷叔齐列传》："伯夷、叔齐，孤竹君之二子也。父欲立叔齐。及父卒，叔齐让伯夷，伯夷曰：'父命也。'遂逃去，叔齐亦不肯立而逃之，国人立其中子。于是伯夷、叔齐闻西伯昌善养老，盍往归焉。及至，西伯卒，武王载木主，号为文王，东伐纣，伯夷、叔齐叩马而谏曰：'父死不葬，爰及干戈，可谓孝乎？以臣弑君，可谓仁乎？'左右欲兵之，太公

曰:'此义人也。'扶而去之。武王已平殷乱,天下宗周,而伯夷、叔齐耻之,义不食周粟……遂饿死于首阳山。"按,黄宗羲此处所指乃伯夷、叔齐谏止武王伐纣之事。

⑦ 废孟子而不立:《明史·钱唐传》:"帝(明太祖)尝览《孟子》,至草芥、寇仇语,谓非臣子所宜言,议罢其配享,诏有谏者以大不敬论。"黄宗羲语当指此事。按,明太祖虽废止孟子配享,但经钱唐冒死谏诤,孟子配享不久又告恢复。

⑧ 摄缄縢、固扃鐍:缄縢(téng),都是用以捆物之绳索。扃,关钮也。鐍,锁钥也。此二语谓除了用绳索捆绑之外,再加钮锁使其牢固,以防他人的盗窃。语出《庄子·胠箧》:"将为胠箧探囊发匮之盗,而为守备,则必摄缄縢,固扃鐍,此世俗之所谓知也。"

⑨ 昔人愿世世无生帝王家:南朝宋顺帝于昇明三年(479)为萧道成所迫而禅位,王敬则勒兵解送,帝泣曰:"愿后身世世勿复生帝王家。"后为卫士所杀,年仅十三。事见《资治通鉴·齐纪》。

⑩ 毅宗之语公主,亦曰:"若何为生我家":明思宗崇祯十七年(1644)三月,李自成攻陷京城,帝入寿宁宫,长女长平公主年十六,牵帝衣哭,帝叹曰:"汝何故生我家?"以剑挥砍之,断其左臂,又砍杀次女昭仁公主于昭仁殿,最后乃自缢于紫禁城外的煤山。事见《烈皇小识》。

⑪ 绝尘:言奔走快速,后人无法追及也。语出《庄子·田

子方》："颜回问于仲尼曰：'夫子步亦步，夫子趋亦趋，夫子驰亦驰，夫子奔逸绝尘，而回瞠若乎其后矣！'"

（三）语译

在刚有人类的时候，每个人都是自私自利的。因此没有办法为天下兴公利，除公害。如果有人不顾虑自己的利害，使天下的人能够蒙受其利，解除其害，那么这个人势必要比天下的人勤劳千万倍。比天下的人勤劳千万倍，而自己又不能享受其利益，实在是不合乎天下的常情。所以古代的人，像许由、务光就推辞而不愿意入居比天下人勤劳、却无利可图的君王职位。而尧、舜则在入居君王之位以后，又把这个职位推让掉。至于禹乃是一开始就不想入居君王之位，可是却推让不掉。这哪里是古人的想法有什么特别，喜好安逸、厌恶勤劳本来就是人的常情嘛。

后代担任君王的人，想法就不这样了，他们认为当了君王，就可以掌握天下的利害大权，把天下的利益完全收归己有，把天下的祸害完全推给别人。使天下的人不敢自私自利，而以我个人的私利当作天下的公利。一开始的时候，还感到有些惭愧，可是久而久之，也就心安理得了。把天下看作自己的最大产业，传给后代子孙，可以永远地享受。汉高祖当年曾对他的父亲说："我所挣来的产业，比起二哥，哪个多呢？"他那种逐利的心情，已经毫不掩饰地表露在这句话中了。之所以会有这种转变，并没有其他的原因，完全是由于古代的人是以天下为主，君王为次，凡是君王尽其一生所经营的，都是在为整个天下设想。如今却反而以君王为主，天下为次，所有使得天下的人流离失所，无处可以获得安定的动乱灾祸，都是由于只为君王设想而引起。所以当君王还没有夺得君王职位以前，为了争取君王之位，博得自己的产业，即使杀害天下人，使天下人父母子女流离失散，竟然也不会感到凄惨哀伤，甚至还振振有词地为自己辩护道："我本来就是要为子孙创设产业的啊！"而当他夺得了君王之位以后，就尽量压榨天下人的膏血，使天下人父母子女流离失散，来供应他一个人的淫逸享乐，认为这是理所当然的事，甚至还自以为得意地说："这是我所挣得产业的红利啊！"如此看来，天下的最大祸害就在于君王了。因为假使没有君王，天下人还能够自私自利，现在有了君王，反而连自己的私利也保不住。啊！难道设置君王的道理就是如此吗？

古代天下的人爱戴他们的君王，把君王比作父亲那样伟大，比作上天那样崇高，实在并不过分。如今天下的人怨恨他们的君王，把君王看作敌寇仇人，称君王为众叛亲离的独夫，也是有道理的。可是那些见识鄙陋的儒生，却浅薄地认为臣民应该侍奉君王，是合乎义理，而不能避免，甚至于还说商汤、周武王都不应该讨伐像夏桀、商纣那样的暴君，而胡乱地传述伯夷、叔齐劝谏周武王不要伐纣这种没有根据的事情，把天下许许多多受欺压残害的人民大众，看作像腐败的老鼠肉一般轻贱。难道在广大的天地之间，许许多多的人民大众之中，上天只眷顾私爱君王一个人，君王一个家族吗？所以武王能够讨伐暴君，就是圣人；孟子"民贵君轻"的言论，就是圣人的言论。后代的君王，想要以君王像父亲那样伟大，像上天那样崇高的虚伪名义，禁止他人起争夺之心的，都感到孟子的话对自己有所不利，甚至于像明太祖一般想要废除孟子在孔子庙廷中的牌位，难道不是那些见识鄙陋的儒生所促成的吗？

话虽如此，假使后代的君王真的能够保有整个天下的产业，永远留传给后代子孙，也难怪他们会有那种私心。问题是自己既然把天下看作私有产业，那么其他的人，哪个不是像自己一样地想夺得这个产业？于是便不能不又是捆绑，又加锁钥地尽量防护，以免他人盗取。可是君王一个人的才智能力总敌不过想要争夺天下的众人，所以慢的话还可能传好几代，快的话就在自己还在世时，自己的子孙总是会遭遇到生命的危险。当年刘宋顺帝被逼退位时，曾感叹着说："希望以后世世代代都不要降生在帝王之家。"而明朝崇祯皇帝，眼看江山就要灭亡，也曾很悲伤地对女儿长平公主说："你为什么要生长在我家呢！"这些话语实在相当沉痛。这时候如果回想当初开创产业之时，那种想要夺取天下的野心，岂不是就会颓丧得消失掉呢！所以只要大家能够明白当君王的职责是在为民服务，那么就像唐、虞时代一样，人人都愿意推让掉君王之位，许由、务光那种清高的作为并不是做不到的。可是如果不能够明白当君王的职责，以为可以为所欲为，那么街市上的每个人，都想要争取君王之位，大家你争我夺的，像许由、务光那种清高的作为，到了后代也就永远没人听说过了。然而一般人终究不能够明白当君王的职责，但是短暂的淫逸享乐也换不掉永远的悲伤痛苦，这种道理是再愚笨的人也能够明白的啊！

（四）评述

　　黄宗羲这篇《原君》的思想，很明显的是承袭自《礼记·礼运·大同》"天下为公"，以及孟子的"民贵君轻"之说。篇中剀切陈述古之人君与后之为人君者的不同，即在于公私的分别。而公私的分别，关键又在于天下与君王的主客地位如何。理想的政治应该是以天下为主，君王为客的公天下。如果主客易位，形成家天下，那么天下人就会成为君王争取私利的牺牲品。人类经营群体生活，推举领袖，是为了谋求群体的公利，因此凡是以牺牲群体来获取私利的作为，都是违背了推举领袖的本意。黄宗羲之所以要对君主专制深表不满而大力抨击，主要的着眼点即在于此。

　　黄宗羲肯定设置君王的本意在公而不在私，观点极为正确。尤其是他身处君权时代，有这种议论、胆识，更值得我们敬仰。但是他的立论却完全以"好逸恶劳"的利害关系来阐述，固然有所得，但也不免有所失。好逸恶劳是一般人的常情，然而肯任劳任怨的人也并非绝无仅有。又以利害关系做说明，的确比较能够打动人心，但是当一个人面对近利的时候，是否能够计虑到远害恐怕是一大疑问。黄宗羲在本文中虽极力说明专制君王最后也难免悲惨的下场，而说"以俄顷淫乐不易无穷之悲，虽愚者亦明之矣"，然则明白这种道理，仍不顾一切争权夺利的却大有人在。还有以好逸恶劳来解释尧、舜的"入而又去"，夏禹的"初不欲入而不得去"，如此，禅让式的公天下，岂不是也属自私？

要解除上述黄宗羲立论的缺失，则除了利害关系以外，还须要提高到道德层次，即是如何的去克服私欲，如何的来发挥公心问题。对于这个问题，孙中山先生在《三民主义·民权主义》第三讲中，所提出的"人人当以服务为目的，而不以夺取为目的。"这种以服务为目的的人生观，或许可以指示我们思考的一个方向。

最后我们不能不特别注意的是，黄宗羲在此文中一再地提及孟子，其政治思想与孟子相同，前面已经述及，其对于孟子的景仰，也可由文中看出。而当他再度谈到孟子，谓"后世之君，欲以如父如天之空名禁人之窥伺者，皆不便其言，至废孟子而不立"，所指的正是明太祖。按黄宗羲以明朝遗老的身份，当面对种族问题时，能不顾身家的安危，积极从事反清复明的运动；但论及公私义利的大是非问题时，则仍然要讥评明代开国君王的愚妄。其胸襟器识的伟大，确实不是小儒所能比拟的。

第二章 设置人臣的本意（《原臣》）

（一）说解

治理天下是一件相当艰难辛苦的工作，君王的聪明才智再高，以天下之大，事务之繁，终究不是个人所能负担得了的。因此在群体之中，除了君王以外，还必须设置许多人臣来协助君王，以共同治理天下。所以黄宗羲认为不论君王或人臣，其职责都是在为人民大众提供服务，名位虽然不同，职分却无两样。因而君臣的关系并非主仆关系，而是一种合作关系。身为人臣的人，必须要了解自己出来做官，是为了天下万民，而不是为了君王一人或君王一个家族，这样才能够善尽臣道。

可惜后代的人却不能深明这种道理，当君王的人不顾天下人民的福利，任用人臣只不过是要找来一批为自己奔走效劳、谋求私利的人。而身为人臣的人，也以为事奉君王之道，不外乎顺从君王之意，或为君王牺牲而已。所以一旦被君王所任用，可以有俸禄的收入，不必担心生活问题，便认为得到君王的眷顾，既不管天下是否动乱，民生是否困苦，也不管君王是否能够礼待自己，自甘处于仆妾的地位，还以为这是理所当然的事情。

黄宗羲于感慨臣道沦亡之后，更进一步地指出，天下的治乱并不在于一个朝代的兴衰，有时候一个新的朝代兴起了，但却是个暴虐的皇朝，以致天下走向衰乱；有时候是一个旧的朝代衰亡了，而此旧的朝代也是个暴虐的皇朝，却反而可使天下走向治平。可见朝代的兴亡与天下的治乱并没有一定的关系。真正代表天下治乱的是万民的忧乐，民生乐利即是天下太平，民生忧苦则是天下衰乱。所以人臣所应注重的是万民的忧乐，而不是一个朝代的兴衰存亡。

在世俗的观念中，往往把君臣关系比附为父子关系，而有"君父""臣子"之称，黄宗羲以为这是很不伦不类的。因为父子同气，彼此可以互相感通，关系永远不可改变。至于君臣关系却有改变的可能，如果人臣不顾念天下民生的疾苦，以此态度事奉君王，那么他就是君王的仆妾；如果人臣能够顾念天下民生的疾苦，那么他就是君王的师友。我们探讨设置人臣的本意，既然是在为人民提供服务，则君臣之间应该以何种关系为正确，不就相当清楚了吗？

（二）原文

有人焉，视于无形，听于无声①，以事其君，可谓之臣乎？曰：否。杀其身以事其君，可谓之臣乎？曰：否。夫视于无形，听于无声，资于事父也。杀其身者，无私之极则也，而犹不足以当之，则臣道如何而后可？曰：缘夫天下之大，非一人之所能治而分治之以群工。故我之出而仕也，为天下，非为君也；为万民，非为一姓也。吾以天下万民起见，非其道，即君以形声强我，未之敢从也，况于无形无声乎！非其道，即立身于其朝，未之敢许也，况于杀其身乎！不然，而以君之一身一姓起见，君有无形无声之嗜欲，吾从而视之听之，此宦官宫妾之心也。君为己死而为己亡，吾从而死之亡之，此其私昵者之事也。是乃臣不臣之辨也。

世之为臣者昧于此义，以谓臣为君而设者也。君分吾以天下而后治之，君授吾以人民而后牧之，视天下人民为人君橐中之私物。今以四方之劳扰，民生之憔悴，足以危吾君也，不得不讲治之牧之之术。苟无系于社稷之存亡，则四方之劳扰，民生之憔悴，虽有诚臣，亦以为纤芥②之疾也。夫古之为臣者，于此乎，于彼乎？

盖天下之治乱，不在一姓之兴亡，而在万民之忧乐。是故桀、纣之亡，乃所以为治也。秦政③、蒙古之兴，乃所以为乱也。晋、宋、齐、梁之兴亡，无与于治乱者也。为臣者轻视斯民之水火④，即能辅君而兴，从君而亡，其于臣道固未尝不背也。夫治天下犹曳大木然，前者唱邪，后者唱许⑤。君与臣，共曳木之人也。若手不执绋，足不履地，曳木者唯娱笑于曳木者之前，从曳木者以为良，而曳木之职荒矣！

嗟乎！后世骄君自恣，不以天下万民为事，其所求乎草野者，不过欲得奔走服役之人；乃使草野之应于上者，亦不出夫奔走服役。一时免于寒饿，遂感在上之知遇，不复计其礼之备与不备，跻之仆妾之间而以为当然。万历初，神宗之待张居正，其礼稍优⑥，此于古之师傅未能百一；当时论者骇然居正之受无人臣礼。夫居正之罪，正坐不能以师傅自待，听指使于仆妾，而责之反是，何也？是则耳目浸淫于流俗之所谓臣者以为鹄矣⑦！又岂知臣之与君，名异而实同耶？

或曰：臣不与子并称乎？曰：非也。父子一气，子分父之身以为身。故孝子虽异身，而能日近其气，久之无不通矣。不孝之子，分身而后，日远日疑，久之而气不相似矣。君臣之名，从天下而有之者也。吾无天下之责，则吾在君为路人。出而仕于君也，不以天下为事，则君之仆妾也；以天下为事，则君之师友也。夫然，谓之臣，其名累变。夫父子固不可变者也。

【注释】

① 视于无形，听于无声：言对方尚未形于脸色，发为声音，已能了解其心意，此专指孝子侍奉父母之态度。

②　纤芥：细微之意，语出《春秋繁露·王道》:"《春秋》纪纤芥之失。"

③　秦政：秦朝为秦始皇消灭六国，统一天下而建立。秦始皇姓赢名政，故云秦政。

④　水火：水深火热，用以比喻灾难。语出《孟子·梁惠王下》:"以万乘之国伐万乘之国，箪食壶浆，以迎王师，岂有他哉？避水火也。"

⑤　前者唱邪，后者唱许：邪、许，皆相应和之声。此句谓前者与后者能够互相响应配合。语出《淮南子·道应训》:"今夫举大木者，前呼邪许，后亦应之，此举重劝力之歌也。"

⑥　神宗之待张居正，其礼稍优：张居正，明朝江陵人，字叔大，号太岳。嘉靖年进士及第。穆宗时，辅政有功。神宗时，擢升为首辅，综核名实，信赏必罚，任职十年，海内称治。卒谥"文忠"。著有《太岳集》等书。颇为明神宗所敬重，称为元辅张少师先生，待以师礼。

⑦　鹄：鸟名。古人射箭，于幕上画鹄以为目标，所以凡是目标或标准都可称为鹄。

（三）语译

如果有人在君王没有表现于脸色，没有讲出话语来的时候，就能够揣摩逢迎他的心意，以这种态度事奉君王，这个人可以说是人臣吗？不可以。如果有人能够牺牲自己的生命来事奉君王，这个人可以说是人臣吗？也是不可以。因为在尚未表现于脸色，尚未讲出话语来的时候，就能够揣摩逢迎对方的心意，这是孝子用以侍奉父母的应有态度，对象并不是君王。又，一个人肯牺牲自己的生命，这是公正无私的最高表现，以此态度事奉君王，还不能算是人臣，那么人臣所应遵循的道理该如何呢？原来广大的天下，并非君王一个人所能治理，而必须要百官来分担治理天下的重责大任。所以人臣出来做官，是为了整个天下，并不是只为君王一人；是为了所有的人民，而不是只为君王一个家族。我为了天下所有的人，就是君王以明显的态度命令强迫我做不合道义的事情，我也不敢遵从，更何况去揣摩逢迎君王未表现出来的心意呢？用不合于道义的方式，到朝廷担任官职，我也不敢答应，更何况要牺牲生命呢？否则的话，只为了君王一人，君王一个家族，而君王却有他未显示出来的嗜欲，我却要去设法揣摩逢迎，这就是宦官宫女的心理了。君王为谋求自己的私利而死亡，我却要牺牲生命，跟着君王死亡，这是怀私偏爱君王的人所做的事情。是否能够善尽人臣的职责，就以此作为分别了。

现在担任人臣的人却不明白这种道理，以为人臣是为君王而设置的。君王把天下划分给我统治，把人民交托给我管理，天下人民就好像是君王袋中的私有物品。如今到处动乱不安，民生艰难困苦，因而会危害到君王，所以才不得不讲求治理的方法。但是如果跟君王朝代的存亡没有什么关系，那么到处再动乱不安，民生再艰难困苦，他们也无动于衷，尽管是忠实的人臣，也认为是小事情。可是了解古代设置人臣本意，担任人臣职位的人，就不会有这种看法。

天下的太平或动乱并不在于朝代的兴起或衰亡，而在于人民的忧苦或安乐。所以像夏桀、商纣这样的暴君被灭亡了，反而可使天下太平。像秦朝、元朝这样暴虐的朝代兴建起来了，反而会使天下变得动乱。至于像晋、宋、齐、梁这些既非暴虐，也不能为民谋福利的朝代，其兴起或衰亡跟天下的太平或动乱则毫无关系。人臣不顾人民的困苦，就是能协助君王建立新的朝代，或为君王而殉命，其实已经违背了人臣所应遵循的道理。治理天下就如拖动大木头一般，前面的人一号召，后面的人就响应，彼此通力合作。君王和人臣是共同拖动大木头的人，如果在后面的人，手不抓紧绳索，脚不踏稳土地，只是在旁边嘻笑，一味地讨好顺从前面的人，那么拖动大木头的工作就无法完成了。

唉！后代骄横的君王放纵自己，不顾念天下的万民，在民间选取人臣，只不过是想要找一批为自己奔走效劳的人。而民间应君王选取出来做官的人，也无非是为君王一人奔走效劳而已。由于他们出来做官，有俸禄的收入，可以避免饥寒之苦，对君王任用自己满怀感激，也不计较君王对自己是否礼遇，宁愿自居于奴仆姬妾的地位，却以为理所当然。万历初年，明神宗对张居正稍为礼遇，但比起古代君王对师傅的礼遇程度仍然还不及百分之一，可是当时论事的人却很惊慌地认为张居正接受君王的礼遇，已经失去了人臣应该谨守的礼节。其实张居正的过错，正在于不能以古代师傅的身份自居，反而像奴仆姬妾一样地听从君王的指使。然而责怪他的人，观点却非如此，道理何在呢？这是因为大家都感染到世俗的错误观念，认为人臣应该讨好顺从君王，而以此作为判断的标准。他们怎么知道人臣与君王名位虽然不同，而职责却是一样的呢！

也许有人会问，人臣常与子女并称，而被叫作臣子，那么君臣关系不就如同父子一般吗？其实这是不对的。父子声气相通，子女的身体从父母那里而来，所以孝子与父母身体虽有分别，但是却能经常与父母声气相接近，久而久之，心意自然能够互相感通。但如果是不孝顺的子女，从父母那里取得自己的身体后，与父母却日渐疏远，久而久之，声气心意也就不能相接近而感通了。但是不管如何，父子关系仍然永远存在。至于君臣之间的名义，是因为治理天下而建立起来的，我如果不出来做官，没有治理天下的职责，那么君王只不过是漠不相关的路人而已。如果出来做官了，却不为天下设想，那就等于是君王的奴仆姬妾；能够为天下设想，就是君王的师友了。因为如此，所以人臣的名义，有的像奴仆姬妾，与君王是上下的关系；有的像师友，与君王是平等的关系。这就看人臣的态度如何改变。但是父子间上下的关系，则是永远改变不了的。

（四）评述

我国的伦理观念极重视名分，所谓名教纲常，即是因名设教，指示我们在各种不同的人伦关系中，个人应善尽自己的本分，不可有所逾越或偏失。每个人的地位虽然不尽相同，但苟能尽其职守，则其人格完全相等。换句话说，我国的伦常观念是相对性的各尽本分，而非绝对性的约束。

就君臣关系而言，地位虽有不同，但其职责都在为民服务。《论语·八佾》记载鲁定公问君使臣，臣事君，应如之何？孔子对曰："君使臣以礼，臣事君以忠。"《颜渊》篇也记载齐景公问政，孔子曰："君君，臣臣。"君有君道，臣有臣道，君道在礼，臣道在忠，都必须敬谨从事，以共谋天下的太平。孟子在《离娄》篇中更指明："君之视臣如手足，则臣视君如腹心；君之视臣如犬马，则臣视君如国人；君之视臣如土芥，则臣视君如寇仇。"所以武王发动义师以诛伐暴君商纣，孟子认为是顺乎天而应乎人，是一怒而安天下之民，是闻诛一夫纣，而非臣弑君。可见君与臣，本皆应为人民谋福利，其是否为君、为臣，一切都以人民作为判断的标准。

先秦时代，儒家谈论君臣关系完全是相对的，可是到了秦、汉以后，由于受到法家君尊臣卑、阴阳家扶阳抑阴等错误观念的影响，君权日益高涨，而有"君为臣纲"的说法出现，于是君臣关系便转为绝对性。君王既有私心，一般人也习焉不察，误以为人臣只有为君王一人一姓效劳服务而已；人臣对君王也就俯仰由之，唯命是从，臣道遂日益堕落。

黄宗羲在此篇文章之中，重新揭示古义，指明君臣都是以治理天下为职责，都是为天下万民而设。人臣协助君王治理天下，君王理应礼遇人臣，人臣不该以仆妾自居。把君臣关系重加厘定，见解既直接承继孔、孟，而在君权炽盛的明、清之交，敢于提出这种主张，其胆识尤其值得我们佩服。

配合《原君》《原臣》两篇文章，我们可以看出其主旨实相贯通，基本立场乃是在对家天下观念的否定，君臣的职分既然都是为天下万民兴利除害，则君不能以天下为私产，臣也不能只为君而工作。君臣从事政治工作，皆当以天下之治乱为重，而不可只顾一姓之兴亡。天下为公，黄宗羲之意实极为显然。

在景仰黄宗羲政治思想的卓越之余，我们却不得不郑重指出，在此篇文章最后，黄宗羲虽极力澄清君臣关系不同于父子关系，但说解得很不清楚。尤其是父子在家庭中的地位虽有上下尊卑的分别，职责还是在共谋家道的振兴，子女对父母也非一味地讨好顺从。子女固然应该孝敬父母，父母也应该慈爱子女，其关系仍然是相对而非绝对。所谓"子不教，父之过"，所谓"事父母几谏"（《论语·里仁》），"故当不义，则子不可不谏于父"（《孝经·谏净》），都充分说明了父子各有其应守的本分。唯有在各种不同的人伦关系中，每个人都能恪尽其责，社会始能进展，天下始能太平，这才是我国伦理的真正精神所在。

第三章 设立法制的本意（《原法》）

（一）说解

一个团体为了求得生存发展，必须有一套为大家所共同遵循的法律制度，使团体的活动能够依此轨道运作，不致有所偏失。否则的话，人人都按己意行事，漫无章法，不仅彼此之间会互相冲突抵牾，社会秩序没法维持，而众人的公利也将无从兴立，公害也将不能消除。最后，整个团体必然会陷入瘫痪。

法制的设立既然有其必要，而其目的又在为团体谋求福利，所以真正的法制，并不在于法制本身的宽松或严密，而在于法制本身是否能为大多数的人设想。黄宗羲以此作为分别真假法制的标准，认为三代的法制，不管是土地、教育、社会、军事、经济制度，都是站在为民兴利除弊的立场，尽管定得很宽松，但是大家既能体会法制的真正精神，也就不会逾法作乱。所以乍看好像无法，但却能发挥法的最好作用，因此称之为"无法之法"。然而三代以后，由于专制君王的私心作祟，所有的法律制度都在为巩固自己的权力利益而设。既然为了巩固自己的权力利益而立法设制，则为了防止他人的窥伺攘夺，法制便不得不力求严密。可是法制的设立既然出于私心，他人也会为了私心去破坏法制，天下遂因此动乱不安。所以表面上好像有法，其实已经不合乎立法的精神，更无从发挥法的作用，因此称为"非法之法"。

三代以后的君王设立法制，既然出于私心，则这种非法之法，按理后人可以不必遵循，可是世俗却又有不可破坏祖宗之法的说法，使得前人之法的积弊无从革除。即使后代的君主不拘泥于法祖之说，不再遵循前人之法，而改立新法，但是在君主专制政体之下，新法的制定还是出于私心，积弊仍然不能革除。总之，只要是出于私心所设立的非法之法，不管谨守祖法或破坏祖法都毫无意义。最主要的还是在充分了解设立法制的本意，为天下立法，积弊才有消解的可能。

依据以上所述对于法制的认识，黄宗羲更提出"有治法而后有治人"之说，因为如果不能完全革除非法之法，那么就算有杰出的人才，也只能头痛医头，脚痛医脚，在极小的范围中发挥作用，无法彻底解决问题。但是如果能够完全革除非法之法，为整个天下立法，则有了杰出人才固然可以充分发挥法的作用，为人民大众兴利除害；即使没有杰出人才，也不至于贻害人民大众。由此可见，真正法制的设立是多么的重要。

（二）原文

三代以上有法，三代以下无法。何以言之？二帝、三王①知天下之不可无养也，为之授田以耕之；知天下之不可无衣也，为之授地以桑麻之；知天下之不可无教也，为之学校以兴之；为之婚姻之礼以防其淫；为之卒乘之赋②以防其乱。此三代以上之法也，固未尝为一己而立也。后之人主，既得天下，唯恐其祚命之不长也，子孙之不能保有也，思患于未然以为之法。然则其所谓法者，一家之法而非天下之法也。是故秦变封建而为郡县③，以郡县得私于我也；汉建庶孽④，以其可以藩屏于我也；宋解方镇之兵⑤，以方镇之不利于我也。此其法何曾有一毫为天下之心哉，而亦可谓之法乎？

三代之法，藏天下于天下者也，山泽之利不必其尽取，刑赏之权不疑其旁落，贵不在朝廷也，贱不在草莽也。在后世方议其法之疏，而天下之人不见上之可欲，不见下之可患，法愈疏而乱愈不作，所谓无法之法也。后世之法，藏天下于筐箧者也，利不欲其遗于下，福必欲其敛于上。用一人焉则疑其自私，而又用一人以制其私；行一事焉则虑其可欺，而又设一事以防其欺。天下之人共知其筐箧之所在，吾亦鳃鳃然⑥日唯筐箧之是虞，故其法不得不密，法愈密而天下之乱即生于法之中，所谓非法之法也。

论者谓一代有一代之法，子孙以法祖为孝。夫非法之法，前王不胜其利欲之私以创之，后王或不胜其利欲之私以坏之。坏之者固足以害天下，其创之者亦未始非害天下者也。乃必欲周旋于此胶彼漆⑦之中，以博宪章⑧之余名，此俗儒之剿说⑨也。即论者谓天下之治乱不系于法之存亡，夫古今之变，至秦而一尽，至元而又一尽，经此二尽之后，古圣王之所恻隐爱人而经营者荡然无具。苟非为之远思深览，一一通变，以复井田、封建、学校、卒乘之旧，虽小小更革，生民之戚戚⑩终无已时也。即论者谓有治人无治法，吾以谓有治法而后有治人。自非法之法桎梏⑪天下之手足，即有能治之人，终不胜其牵挽嫌疑之顾盼。有所设施，亦就其分之所得，安于苟简，而不能有度外之功名。使先王之法而在，莫不有法外之意存乎其间。其人是也，则可以无不行之意；其人非也，亦不至深刻罗网，反害天下。故曰有治法而后有治人。

【注释】

① 二帝、三王：二帝指唐尧、虞舜。三王为夏、商、周三代开国君王，即夏禹、商汤、周文王、周武王。以上皆儒家理想中的圣王。

② 卒乘之赋：指步兵与车兵。卒乘，语出《左传·隐公元年》："缮甲兵，具卒乘。"杜预注："步曰卒，车曰乘。"赋，亦兵之意，《论语·公冶长》："由也，千乘之国，可使治其赋也。"朱熹注："赋，兵也。古者以田赋出兵，故谓兵为赋。"

③ 秦变封建而为郡县：周朝实行封建制度，至秦始皇二

十六年（前221），兼并六国，统一天下，廷尉李斯建言："周文、武所封子弟同姓甚众，然后属疏远，相攻击如仇雠，诸侯更相诛伐，周天子弗能禁止。今海内赖陛下神灵一统，皆为郡县，诸子功臣以公赋税重赏赐之，甚足，易制，天下无异意，则安宁之术也。置诸侯不便。"始皇曰："天下共苦战斗不休，以有侯王。赖宗庙，天下初定，又复立国，是树兵也，而求其宁息，岂不难哉？延尉议是。"于是分天下为三十六郡，郡设若干县，郡县制度从此建立。事见《史记·秦始皇本纪》。

④ 汉建庶孽：庶孽本为妾所生之子，此处指继承君位之嫡长子以外的其余诸子。汉朝建立以后，惩于秦的享国不长，乃并建封建、郡县制度。除郡县之外，分封余子为诸侯王。

⑤ 宋解方镇之兵：唐代自睿宗景云二年（711），开始于缘边之地设置节度使，以总领兵事，镇守一方，谓之方镇。以其作用在屏藩中原，故又称藩镇。其后随政治军事之变动，方镇渐由缘边移入中原，地方大权亦遂掌握于方镇之手，中央政府对之束手无策。"安史之乱"即为方镇权力太大所造成，后来虽然方镇倡乱，每赖方镇平定，然割据局势既已形成，唐朝终于因此覆亡。历经五代，方镇割据之弊始终无法消弭。故宋太祖建立宋朝以后，即以杯酒释兵权方式，解除诸镇节度使之职权，改以文臣出守列郡。

⑥ 鳃鳃然：鳃（xǐ），恐惧貌。语出《汉书·刑法志》："鳃鳃常恐天下之一合而共轧己也。"《荀子·议兵》字作諰諰。

⑦　此胶彼漆：按，胶、漆皆为黏质之物，此胶彼漆比喻纠缠不清。

⑧　宪章：遵循前人的法制。语出《中庸》："仲尼祖述尧、舜，宪章文、武。"朱熹注："宪章者，近守其法。"

⑨　剿说：剿音义同抄，剿说谓袭取他人之成说。语出《礼记·曲礼》："毋剿说。"郑玄注："剿犹擥也，谓取人之说以为己说。"

⑩　戚戚：忧惧貌。语出《论语·述而》："君子坦荡荡，小人长戚戚。"

⑪　桎梏：拘械犯人手足的刑具。《周礼·秋官·掌囚》："中罪桎梏。"郑玄注："在手曰梏，在足曰桎。"

（三）语译

三代以前有法制，三代以后就没有了法制。何以这么说呢？原来唐尧、虞舜以及夏禹、商汤、周文王、周武王这些古代的圣王，知道天下的人不能没有食物、衣服以避免饥寒之苦，所以就分配土地给人民，使他们能够耕种五谷，蚕桑织麻；知道天下的人不能没有道德教化，所以就设置学校，使人民能够接受教育；为人民制定婚姻之礼，以防止男女关系的败坏；为人民筹备军事武力，以防备动乱的发生。这些三代以前的法制，都是为人民的福祉，而不是为君王自己的私利而设立的。可是后代的君王，在得了天下以后，唯恐国运不能传承长久，子孙不能永远保有天下，为了防备天下被他人所夺取的祸患发生，因此才设立法制。他们这种为私利所设立的法制，其实只是一个家族的法制，而不是天下人的法制。所以秦朝废除封建，改行郡县制度，是因为郡县制度有益于君王的私利。汉朝除了郡县以外，又分封余子为诸侯王，是因为诸侯可以作为屏障来拱卫王室。宋朝废除方镇，剥夺节度使的兵权，是因为方镇制度对朝廷有所不利。像这些法制既没有一点点为天下人设想的心意，难道还可以算是法制吗？

三代的法制，是把天下当作天下所有人的天下，所以山林水泽的鸟兽鱼虾，从不加限制地听任人民猎捕，在位者的赏罚大权也从不疑虑是否会旁落到他人手里。在朝廷当官的人不会自以为尊贵，在民间当老百姓的人也不会感到自己地位低贱。后代的人也许觉得这种法制未免太宽松，可是当时的天下人，既不认为在朝为官有什么好处，也不感到在野为民有什么不好，法制尽管宽松，祸乱却不会发生。乍看好像没有法制，其实最符合法制的精神。至于后代的法制，则把天下当作私人的天下，必须要好好地收藏在箱笼里，否则便会被他人所夺取。既然把天下当作私人所有，所以凡是福利都要榨取聚敛于君王自身，而不肯与人民分享。每当任用一个人就怀疑这个人会谋取私利，因而必须再任用另一个人来防备那个人谋取私利；每当做一件事情就考虑自己可能被欺骗，因而必须再设一件事情来避免自己受欺骗。天下的人都知道君王在图谋自己的私利，而君王也整天在担心自己的私利会被他人攘夺，于是法制便不得不越定越细密。可是法制再细密，天下的祸乱仍旧会发生。乍看好像有法制，可是却不符合法制的精神。

论事的人认为一个朝代有一个朝代的法制，子孙应该遵从祖宗的法制才算恪尽孝道。其实是不合法制精神的假法制，是由前面的君王出于私心而创设，后来的君王把它破坏了，还是出于私心。既然都是出于私心，破坏的人固然会为天下带来祸害，创设的人实则早已为天下带来了祸害，所以不论法祖或不法祖都是贻害天下。然而见解鄙陋的儒生还要不停地争辩是否遵从祖法，彼此纠缠不清地想获取谨守祖法的空名，根本就是一派胡言乱语。论事的人或许又认为天下的太平或动乱与法制的存亡根本没有关系，然而我们考察古今时事的变迁，可以发现，到了秦代，秦国以一诸侯消灭其他诸侯，为了保有本身的私利，开始变改法制，原有法制的精神便遭受到一次严重的破坏。到了元朝，元以异族统治中原，为了保有本族的私利，又开始变改法制，压抑中原人民，原有法制的精神遭受到另一次严重的破坏。经过这两次的严重破坏之后，古代圣王出于爱护照顾人民之意而苦心设置的真正法制，其精神便被完全消灭无遗。如果再不作深刻的观察、长远的考虑，以完全恢复古代圣王所设井田、封建、学校、卒乘的旧有法制，以为人民设想，而仍然出于私心，只是做一些无关痛痒的小兴革，那么民生的困苦终究无法彻底解除。或许又有论事的人认为必须要有杰出的政治人才，法制才能发挥大作用，我倒认为必须先有真正的法制，才能够容许杰出人才发挥其政治能力。因为不合法制精神的假法制限制了天下人的手脚以后，即使有杰出的政治人才，总免不了受到拘束而有所顾忌，就算有什么设施，也不过谨守着小范围，随便简陋地安排一番，而不能建立卓越超脱的功名事业。但是假如仍然保有古代圣王的法制精神，尽管在法制的规定之外，仍然存着为人民设想的心意，那么有了杰出的人才，便可以尽量发挥法制的精神；即或没有杰出的人才，也不至于苛刻细密得反而祸害天下人民。所以我认为唯有真正的法制，然后杰出的人才始能发挥其政治能力，为人民谋福兴利。

（四）评述

法制的设立，用意既然在促进整个团体的生存发展，则其精神宜在公而不在私。黄宗羲根据这种立场，痛斥三代以后专制君王完全失去了立法的基本精神，设立法制钳制人民以遂其私欲，又批驳俗儒"法祖"及"治人"的谬说，深切明白，可谓痛快淋漓之至。

法律制度为维系天下国家的纲领，所以每一个时代都有其法制，等到时移势异，为了因应新时代形势的需要，又必须重定法制，然新定的法制较之原有的法制，固然有损有益，但其基本的精神应该还是一致的。《论语·八佾》记载子张问"十世可知也",孔子对以"殷因于夏礼,所损益可知也,周因于殷礼,所损益可知也。其或继周者,虽百世可知也"。所以经历百世,仍可预知,并不在仪式节度,而在其一贯精神的维持不坠。如果失去了这根本的精神,即是恶法,即是非法之法,这是黄宗羲所最深恶痛绝的。可惜自从三代以后,君权日益扩张,这种精神遂日趋沦丧,民生的痛苦也日益加深。此所以黄宗羲在抨击历史上的弊病之后,要有识之士远思深览,以恢复井田、封建、学校、卒乘之旧。当然,井田、封建是否可复是一大疑问,即使可复,是否有必要恢复仍属一大疑问。最重要的是设立法制的本意,亦即法制的基本精神,应该为我们所充分体会掌握,这才是黄宗羲最大的心愿所在。

黄宗羲的政治思想主要表现在《原君》《原臣》《原法》三篇文章中。综合这三篇文章的思想,主要在"公"之一字。其处心措意都在为整个天下的人民大众设想,君王的设置是为公,人臣的设置也是为公,法制的设立仍然还是为公。但是我们必须严正辨明的是,尽管在专制帝王时代,黄宗羲敢于揭示公理以与帝王的私心相抗衡,胆识固然极为卓伟,但是由于受到时代的限制,他的思想与民主、民权仍有相当的差距。基本上,黄宗羲所持仍然是君主政体,虽认为不论君臣,其职分都在为民提供服务,但君与臣如何产生则并未明言。此则与现代民主制度中,国家元首或各级官员必须透过人民或人民代表,以直接或间接方式产生,并非相同。至于谈到法制的设立，黄宗羲仍假定法制乃由君王所制定颁布，只不过有公、私之别，或为天下、为一家之分，并未接触到人民的立法权观念。所以近世学者，如本书导言中所引述者，每每根据这三篇文章，说黄宗羲在提倡民主、民权，实在有些欠妥。当然黄宗羲的思想中并没有民主、民权的观念，是由于他生在三百多年前，有他时代的限制，不能说是他的思想中的缺陷，而我们也不应拿现代的标准来衡量他的思想。但是生在二十世纪，当民主、民权思想阐扬时代的我们，应如何的在黄宗羲所提供的思想基础上，进一步的建立民主自由、民权法治的观念，使我们的社会国家能更进步澄明，则是大家所宜共同努力以赴的。

第四章　宰相的设置（《置相》）

（一）说解

在《原臣》篇中，黄宗羲已经指明，由于君王个人无法治理广大天下的繁杂事务，所以必须设置许多人臣来共同治理天下。人臣既然协助君王治理天下，因此君王对人臣理应礼遇。而在这许多的人臣之中，宰相居于领导地位，对于君王的协助出力最大，君王在感激之余，更应对宰相敬重礼待。我国自从秦、汉时代，人臣的地位虽然逐渐低落，但是君王对于宰相仍然礼敬有加，由此可见宰相地位的崇高。

在君主制度之下，黄宗羲认为宰相的设置，有其特别的意义与功能。首先是当在位君王去世后，继位的嫡长子如果幼弱，则国家政权可由宰相暂时代理，不至于因母后垂帘听政而旁落到外戚手中。其次是禅让政治既已不行，形成传子不传贤的家天下局面，君王的继承只问血统不问才德，但是由于宰相的职位并不能世袭，要位居相职，只有凭才德，而不能凭血统，所以还保有传贤不传子的遗意。万一继位的新君不贤能，还有宰相从旁辅导，可以作为补救，使国家政局不致过乱，这一点意义尤其重大而深远。

黄宗羲考察明代历史，发现明朝自从明太祖废除宰相之后，六部就直接归皇帝掌管。虽然在皇帝之下设有内阁，然而所谓内阁只不过是一个秘书处而已，内阁大学士只是奉君王之意，负责批复奏章，根本没有实权，唯有君王一人掌握绝对的权力。然而君王一人却无法独揽大权，于是只好倚赖宦官作为助手，久而久之，宦官即以各种手段窃取大权，最后原本属于宰相的权力遂落于宦官之手。宦官既掌握了国家大权，于是便胡作非为，使正人君子在朝廷无法容身，朝政终于弄得不堪设想。所以黄宗羲认为明代政治始终无法上轨道，其最大的症结就在于废置宰相。

针对明代废置宰相，造成宦官专权的弊病，黄宗羲乃提出他的构想，认为应该杂取汉、唐制度，在君王之下，设置宰相一人，参知政事（副宰相）若干人，每天由君王与宰相共同商议一切奏章的可否，再由君王批准，或由宰相直接批准，然后即交给六部施行。他认为经过如此的设计，就可以尽知天下各处所陈的利弊，政事也就自然能够顺利推行了。

（二）原文

有明之无善治，自高皇帝罢丞相①始也。

原夫作君之意，所以治天下也。天下不能一人而治，则设官以治之。是官者，分身之君也。孟子曰："天子一位，公一位，侯一位，伯一位，子男同一位，凡五等。君一位，卿一位，大夫一位，上士一位，中士一位，下士一位，凡六等。"②盖自外言之，天子之去公，犹公、侯、伯、子、男之递相去。自内而言之，君之去卿，犹卿、大夫、士之递相去。非独至于天子遂截然无等级也。昔者伊尹、周公之摄政③，以宰相而摄天子，亦不殊于大夫之摄卿，士之摄大夫耳。后世君骄臣谄，天子之位始不列于卿、大夫、士之间。而小儒遂河汉④其摄位之事，以至君崩⑤子立，忘哭泣衰绖之哀⑥，讲礼乐征伐之治，君臣之义未必全，父子之恩已先绝矣！不幸国无长君，委之母后，为宰相者方避嫌而处，宁使其决裂败坏，贻笑千古，无乃视天子之位过高所致乎！

古者君之待臣也，臣拜，君必答拜。秦、汉以后，废而不讲，然丞相进，天子御座为起，在舆为下。宰相既罢，天子更无与为礼者矣。遂谓百官之设，所以事我，能事我者我贤之，不能事我者我否之。设官之意既讹，尚能得作君之意乎？古者不传子而传贤，其视天子之位，去留犹夫宰相也。其后天子传子，宰相不传子，天子之子不皆贤，尚赖宰相传贤足相补救，则天子亦不失传贤之意。宰相既罢，天子之子一不贤，更无与为贤者矣，不亦并传子之意而失者乎！

或谓后之入阁办事⑦，无宰相之名，有宰相之实也。曰：不然。入阁办事者，职在批答，犹开府之书记也。其事既轻，而批答之意，又必自内授之而后拟之，可谓有其实乎？吾以谓有宰相之实者，今之宫奴⑧也。盖大权不能无所寄，彼宫奴者，见宰相之政事坠地不收，从而设为科条，增其职掌，生杀予夺出自宰相者，次第而尽归焉。有明之阁下，贤者贷其残膏剩馥，不贤者假其喜笑怒骂，道路传之，国史书之，则以为其人之相业矣。故使宫奴有宰相之实者，则罢丞相之过也。阁下之贤者，尽其能事则曰法祖，亦非为祖宗之必足法也，其事位既轻，不得不假祖宗以压后王，以塞宫奴。祖宗之所行未必皆当，宫奴之黠者又复条举其疵行，亦曰法祖，而法祖之论荒矣。使宰相不罢，自得以古圣哲王之行摩切其主，其主亦有所畏而不敢不从也。

宰相一人，参知政事⑨无常员。每日便殿议政，天子南面，宰相、六卿、谏官东西面，以次坐，其执事皆用士人。凡章奏进呈，六科给事中⑩主之，给事中以白宰相，宰相以白天子，同议可否。天子批红⑪，天子不能尽，则宰相批之，下六部施行。更不用呈之御前，转发阁中票拟⑫，阁中又缴之御前，而后下该衙门，如故事往返，使大权自宫奴出也。

宰相设政事堂⑬，使新进士主之，或用待诏⑭者。唐张说为相，列五房于政事堂之后，一曰吏房，二曰枢机房，三曰兵房，四曰户房，五曰刑礼房，分曹以主众务，此其例也。四方上书言利弊者及待诏之人皆集焉，凡事无不得达。

【注释】

① 高皇帝罢丞相：丞相即宰相，为辅佐君王、统摄百僚之官。历代名称不同，秦、汉时代之丞相、相国、三公，隋之内史、纳言，唐、宋之中书、门下、尚书三省长官及同平章事，明、清之内阁大学士皆是，惟员额及职权各有别。明朝朱元璋于灭元之后，欲仿行古制，于洪武元年（1368），以李善长、徐达为左右丞相，至洪武十年，改以胡惟庸、汪广洋为左右丞相。洪武十三年春，左丞相胡惟庸谋反，并其党皆伏诛，于是罢废丞相不置，并于洪武二十八年敕谕群臣，以后嗣君，不得议置丞相。故迄于明朝灭亡，始终未复置。事见《明史·太祖本纪》。

② 孟子曰云云：此段引文见《孟子·万章下》。惟一孟子所言，与《礼记·王制》不同，《王制》云："公、侯、伯、子、男凡五等；诸侯之上大夫、卿，下大夫，上士，中士，下士凡五等。"主要差别在孟子将天下之天子与诸侯之君长皆列入等级之中，等位虽有不同，同为治人者之身份则无差异。

③ 伊尹、周公之摄政：伊尹，商之贤相，名挚。耕于有莘氏之野，汤三聘之，始往就汤。助汤伐桀灭夏而王天下，汤尊之为阿衡。商汤卒后，帝位三传至汤嫡长孙太甲，暴虐不道，伊尹乃将之放逐于桐宫，由己摄行王政。三年后，太甲悔过，伊尹始

迎归，并还政于太甲。孟子称之为圣之任者。周公，姓姬名旦，周文王之子，协助其兄武王伐纣灭殷而有天下。武王崩，成王幼弱，由周公摄政，管叔、蔡叔、霍叔忌之，作流言谓周公将不利于成王，周公乃避嫌居东。后成王悟其非，乃迎之归。三叔果与纣子武庚叛乱，赖周公平定，周朝根基才算稳固。

④　河汉：比喻忽视他人之言。语出《庄子·逍遥游》："肩吾问于连叔曰：'吾闻言于接舆，大而无当，往而不返，吾惊怖其言，犹河汉而无极也。'"按，河汉本指银河，银河广阔无边，因用以比喻大而无当，后又转用为忽视其所言，故《世说新语·言语》："谢公云：'贤圣去人，其间亦迩。'子侄未之许。公叹曰：'若郗超闻此语，必不至河汉。'"

⑤　君崩：天子死之称。《礼记·曲礼》："天子死曰崩，诸侯曰薨，大夫曰卒，士曰不禄，庶人曰死。"

⑥　哭泣衰绖之哀：父母死，子女守丧之礼。衰，亦作缞（cuī），丧服，以麻布为之，披于胸前。绖（dié），丧服，亦以麻布为之，在首者为首绖，在腰者为腰绖。

⑦　入阁办事：洪武十三年（1380），明太祖罢置丞相。十五年，置殿阁大学士，有华盖殿、武英殿、文渊阁、东阁、文华殿等。大学士本在侍左右，备顾问而已。明成祖即位，特任解缙、胡广、杨荣等入值文渊阁，始参预机务，位同宰相，职掌献替可否，奉承规诲，点检题奏，票拟批答，以平允庶务。然主要在票拟，故《续文献通考·职官考》云："内阁之职同于古相，而所不

同者，主票拟而身不预其事。"

⑧ 宫奴：指宦官，其职本在宫中供奔走服劳役，故称宫奴。然因与君王相亲近，故往往获信而专大权。

⑨ 参知政事：即副宰相。唐以侍中、中书令为真宰相，其余以他官参掌者，则加知政事、参知政事、同平章事等名义。宋以同平章事为宰相，参知政事为之副。金、元两朝亦置参知政事，位左右丞之下。明废。

⑩ 六科给事中：官名，秦置，属加官性质。汉因之，所加或大夫、博士、议郎。掌顾问应对，日上朝谒，平尚书奏事，分为左右曹。以有事殿中，故称给事中。晋时为正员，然不常置。至隋始定为门下之官，以省读奏案。唐、宋因之，隶门下省，凡制诰有不便者，得以封还。明洪武六年（1373），分设吏、户、礼、兵、刑、工六科给事中，助皇帝处理奏章，掌侍从讽谏，补阙拾遗，并可稽核驳正六部之违误。属监察官员性质。

⑪ 批红：君王可否百官之章奏批答，以多用朱笔批答，朱色红，故曰批红。

⑫ 票拟：明、清时代，百官章奏先送达内阁，由内阁大学士预拟批答之词，书于票签，再呈君王定夺，谓之票拟。

⑬ 政事堂：即宰相办公厅。唐时称中书、门下、尚书长官议事之处为政事堂，然当时制度，中书主出命，门下主封驳，尚书主奉行，中书、门下迭有争论，故必先于政事堂议定然后奏闻，故后又改称中书门下。

⑭ 待诏：官名，秦、汉时已有之，取等待诏命之意，属候补性质，名目繁多。唐玄宗时设翰林待诏，掌四方表疏批答应和文章应制等事，后改称翰林供奉、翰林学士。明、清时代，翰林院属官有待诏，掌校对章疏文史。

（三）语译

明朝的政治始终不能上轨道，这是从明太祖废除宰相时就种下了祸因。

探讨设置君王的用意，本来是为了治理天下。天下既然无法由君王一个人单独治理，就必须设置大小官员来共同治理，可见官员是君王的化身。孟子曾说："就整个天下而言，天子一个等级，公一个等级，侯一个等级，伯一个等级，子、男同属一个等级，总共有五个等级。就诸侯境内而言，诸侯国君一个等级，卿一个等级，大夫一个等级，上士一个等级，中士一个等级，下士一个等级，总共有六个等级。"这是因为就整个天下来说，天子与公的差距，就好像公、侯、伯、子男之间的差距一般，同为一个等级。就诸侯封土之内来说，诸侯国君与卿的差距，就好像卿、大夫、士之间的差距一般，也是同为一个等级，并不是到达天子就完全不在等级之内。以前商朝的伊尹代理太甲的国政，周朝的周公代理成王的国政，都是以宰相身份来代理天子，这种情形就如同大夫代理卿，士代理大夫一样。可是到了后代，君王骄逸放纵，人臣又谄媚阿谀，天子之位才开始不与卿、大夫、士并列，而见识浅陋的儒生也忽视代位的历史事实，以至于当旧君去世，其嫡长子就马上继位，不再由元老大臣暂时代位，忘记人子守丧的礼制，立刻参与礼乐征伐等政治事务，结果君臣的道义未必能够顾到，但是父子的恩情却先已断绝了。万一继位的嫡长子幼弱，只好把国政委托母后治理，担任宰相的人为了防避可能篡位的嫌疑，不敢担当，只有让国政衰乱败坏，贻笑后世，这岂不是把天子的地位看得太高所促成的吗！

古时候君王对待人臣，当人臣向君王行礼，君王一定会回礼。秦、汉时代以后，这种君臣互相尊敬的礼数已经不再被重视讲求，但是每当丞相上前时，天子还是在坐着时就站起来，在搭车时就下车，以表示对丞相的敬重礼遇。可是等到宰相被废置以后，人臣当中就再也没有人能够与天子相抗礼了。君王也就从此误以为大小官员的设置，都是用来侍奉我一个人，能够侍奉我的人，我就认为他很贤能，不能够侍奉我的人，我就认为他不贤能。设置官员的本意既然如此被误解，还能掌握得到设置君王的本意吗？古时候天子不把自己的职位传给儿子而传给贤能的人，因为是把天子的职位看作宰相的职位一般，或去或留都是以能力作为取舍的标准。后来天子把自己的职位传给儿子，但是宰相却仍然不把职位传给儿子，天子的儿子虽然不一定都贤能，还好宰相的职位是传给贤能的人，可以作为一种补救，那么天子的职位虽不再传给贤能的人，但还不至于完全失去传位给贤能者的用意。可是到了宰相被废置以后，天子的儿子万一不贤能，就没有贤能的宰相作为补救，这不就连天子传位给儿子的遗意也一并失去了吗。

也许有人会认为明朝虽然废置宰相，但是殿阁大学士虽然没有宰相的名义，却拥有宰相的实权啊！我认为事实并不如此，因为殿阁大学士的主要职责在批阅答复奏章，如同行政机关中的书记一般，职事既不重要，而批阅答复的内容，又必须经由帝王的授意才能草拟，怎么可以说是有宰相的实权呢！我倒以为如今真正掌握宰相实权的人是宦官。因为国家的大权不能不托付专人来处理，而那些宦官看出宰相的职事没有人负责，于是便设定各种科目法条，来增加自己的职权，最后本来应该掌握于宰相的生杀予夺大权，便逐渐地完全落入宦官手中。稍有能力的大学士只能在他们的淫威之下分得一点权力，没有能力的大学士便只能随其喜怒，看他们的脸色办事。这种情形，全国的人都知道，国家的历史也有明白的记载，认为这就是大学士所能做得到的宰相事业了。所以促使宦官拥有宰相的实权，完全是废置丞相所造成的弊害。稍有能力的大学士，他们尽力办事，必定号称是效法祖宗，这并非认为祖宗所行的一切都值得效法，只因为自己的职权地位不重要，所以不得不假借祖宗的名义来压制君王，对抗宦官。但是祖宗所行的一切既然未必都适当，因此狡诈的宦官又对大学士吹毛求疵，也声称是效法祖宗。这样一来，效法祖宗的论调也行不通了。假使不罢置宰相，宰相自然可以用古代圣明君王的行事来警励君王，君王也会有所顾忌而不敢不遵循。

所以应该设置宰相一人，副宰相若干人，不必有固定的人数。每天由天子坐在北边，面向南方，宰相、六部长官、谏官分别按次序坐在东西两旁，共同来商议国政，其余在此办事者都用读书人。凡是天下各处的奏章，规定先送给六科给事中审查，再由给事中报告宰相，最后由宰相报告天子，再与天子一齐商议是否可以实行。如果可以实行，就由天子以朱笔批准，天子批不完的，则由宰相批准，然后交给吏、户、礼、兵、刑、工六部去执行。再也不必先呈送给皇帝，再转送到内阁，由大学士先签拟意见，又重新呈交给皇帝，然后才送到主管机关，像以往般来回，使得宦官在转手之间可以攘夺大权。

宰相设政事堂作为办公处，堂务由新进士或待诏来主持。唐朝张说担任宰相的时候，在政事堂后面，设置吏房、枢机房、兵房、户房、刑礼房等五房，分别以不同的机构来主持各种事务，可以作为例子。如此一来，则全国各地上书谈论行政的利弊得失，以及等待诏命候用的人，都可以汇集这里，所有的政事也就可以办得通了。

（四）评述

在民权思想尚未兴起以前，中外各国无不实行君主政体，惟我国对君主制度的设计，有一点为世界其他国家所不能及，此即对君权的限制。限制的方式通过宰相与谏官来实施，以期使君王的权力不致过度膨胀。虽然这种设计，尤其对宰相权的设计，曾遭受历代君王的极力破坏，但是就设计本身的构想而言，实深具意义。

原来自从汉朝完成天下一统的局面以后，对于君王与丞相的权力即有明白的划分。君王虽为天下最高元首，虽有权任免丞相，但却不能直接管理政府。君王所能直接管理的只限于皇族及宫廷，政府则交由丞相管理，这就是"内朝"与"外朝"的划分，也即诸葛亮在《前出师表》中所提到的"宫中"与"府中"的区别。丞相为外朝的领袖，对推行全国政务具有完全的权力。而君王权力所及只在内朝，如不通过丞相，即不能干预政事。可惜此种制度，从汉代开始，君王即运用提高扩充内朝权力的方式，与丞相争权，而受到破坏。汉代以后，顺此趋势发展，情况日益严重，终于造成内、外朝不分的现象。不过从六朝到唐、宋，宰相权虽日趋式微，然其遗意尚有某一程度的保存。直到明太祖洪武十三年（1380），废置宰相，并遗诏后人永远不得复置宰相以后，这种制度的精神完全消失净尽，对于君权也就毫无限制了。

黄宗羲在此篇文章中，虽然没有提到内、外朝的分别，但对于明朝废置宰相以后所产生的流弊，则表达了极为深痛的感慨。由于没有作为百官之长的宰相与君王相抗礼，君王遂把百官看作仆役，使设置君、臣的本意完全消失。而最严重，也是黄宗羲最大力抨击的是，因为没有宰相辅君为治，君王不得不倚赖近侍为左右手。宦官既与君王日夕亲近，当然最后大权必定会旁落到他们手中，造成宦官专擅的局面，成为明政的最大弊害。这也是黄宗羲在这篇文章一开头，就要无限感慨地说，明朝政治始终不上轨道，最主要症结在废相不置。

废相不置的流弊既然如此深巨，黄宗羲因此乃主张要恢复宰相的设置，所以在最后提出他的构想，用意可以说是相当深刻。不过我们检查他的设计，实在只不过杂取唐、宋的制度而已，令人无法想象这对于君权能有多大的限制，对宦官专权的情形能有多大的改善。就我国宰相权发展的趋势而言，唐、宋已落入第二义。就君权的过度膨胀，以及宦官的专权情形来看，唐、宋时代，甚至东汉时期，虽然不如明朝那么糟糕，但不也是相当严重吗？

所以为黄宗羲借箸代筹，处在他那个时代，既然无法突破君主政体的限制，而要避免他在这篇文章中所极力抨击的流弊滋生，最主要的还是要全面恢复西汉时代对于君权、相权的分别。使君王的权力只限于内朝，只能管理皇族及宫廷，至于外朝则自有宰相以下的大小官员来处理。如此，或许可以尽量避免弊病的产生。当然若就我们今天所处的时势来看，西汉的制度仍然还是第二义。因为只要君主制度存在一天，君权永远会成为野心家觊觎的目标，种种的暴乱阴谋也就随时有发生的可能。最根本彻底解决的方法还是有赖民权的伸张，所以顺应时代潮流，合乎民心需要的民权思想，才是我们今天所应致力发挥的。

第五章 学校的设置（《学校》）

（一）说解

一般人都认为学校的作用在于培养士人，黄宗羲则认为学校的作用不仅在于养士，更在于培养健全的舆论力量，亦即学校除了培育人才以外，尚需监督批评政府，使政府免于过失。如果能达到上述两种目的，则不仅国家能够得到许多真才实学之士，最重要的是使君王有所顾忌，而不敢恣意行事，天下的是非也就可以通过学校的评量，得到一个公正客观的标准。此对君权的过度发展固然能够有所限制，然而对君王并非绝对不利，因为奸邪之人也将慑服于公正的舆论力量之下，不敢公然为非，君位可以稳定，更有助于国家的长治久安。

可是就历史上实际的发展情形来看，上述的两种目的显然并没有达到，不仅没有达到，而且还反其道而行。首先就培养士人的目标而言，由于君权的过度发展，君王的喜怒成为是非的标准，读书人为了图谋一官半职，学校成为争名夺利的场所，真正的人才反而培养不出来。其次就监督政府、批评时政的目标而言，由于与朝政不免站在相反的立场，而君王又短视近利，以为学校是专门跟自己作对的场所，于是便故意为难，拆散学校，禁止讲学，甚至迫害读书人。如此一来，学校不仅不能负起指导政治之责，反而成为政治迫害的牺牲者。

针对学校作用的沦失，黄宗羲乃提出改革之道。根据他的构想，自中央以至地方政府应普遍设立各级学校，敦请师儒讲学，师儒的条件以学行为主。除了士民平日于学校受教以外，天子、中央政府以至地方政府的官员也应定期至学校接受教育，并借此议论政务的缺失。学校课程除了注重通才，即五经教育外，还须有专门人才，即兵法、历算、医、射等的培养。士子学成之后，各按其学习成果，安排出路，使人才各有所用。此外，对于民间礼俗的改革，凡是虚名浮誉，有违风化者，不管是建筑物、出版品，都应加以禁绝。至于有助于风俗教化的建筑物、出版品，则由学校负责人善加搜存修护，褒扬奖励，以期达到风淳俗美的地步。

（二）原文

　　学校所以养士也。然古之圣王，其意不仅此也，必使治天下之具皆出于学校，而后设学校之意始备。非谓班朝[①]、布令、养老、恤孤、讯馘[②]，大师旅则会将士，大狱讼则期吏民，大祭祀则享始祖，行之自辟雍[③]也。盖使朝廷之上，闾阎[④]之细，渐摩濡染，莫不有诗书宽大之气，天子之所是未必是，天子之所非未必非，天子亦遂不敢自为非是而公其非是于学校。是故养士为学校之一事，而学校不仅为养士而设也。

　　三代以下，天下之是非一出于朝廷。天子荣之，则群趋以为是；天子辱之，则群摘以为非。簿书、期会、钱谷、讼狱，一切委之俗吏。时风众势之外，稍有人焉，便以为学校中无当于缓急之习气。而其所谓学校者，科举嚣争，富贵熏心，而遂以朝廷之势利一变其本领。而士之有才能学术者且往往自拔于草野之间，于学校初无与也。究竟养士一事亦失之矣。

　　于是学校变而为书院，有所非也，则朝廷必以为是而荣之，有所是也，则朝廷必以为非而辱之。伪学之禁，书院之毁，必欲以朝廷之权与之争胜。其不仕者有刑，曰此率天下士大夫而背朝廷者也。其始也学校与朝廷无与，其继也朝廷与学校相反，不特不能养士，且至于害士，犹然循其名而立之，何与？

　　东汉太学三万人，危言深论，不隐豪强[⑤]，公卿避其贬议；宋诸生伏阙搥鼓，请起李纲[⑥]；三代遗风，惟此犹为相近。使当日之在朝廷者，以其所非是而非是，将见盗贼奸邪慑心于正气霜雪之下，君安而国可保也。乃论者目之为衰世之事，不知其所以亡者，收捕党人，编管陈、欧⑦，正坐破坏学校所致，而反咎学校之人乎！

嗟乎！天之生斯民也，以教养托之于君。授田之法废，民买田而自养，犹赋税以扰之。学校之法废，民蚩蚩⑧而失教，犹势利以诱之。是亦不仁之甚，而以其空名跻之曰：君父，君父，则吾谁欺！

郡县学官，毋得出自选除。郡县公议，请名儒主之。自布衣以至宰相之谢事⑨者，皆可当其任，不拘已仕未仕也。其人稍有干于清议⑩则诸生得共起而易之，曰是不可以为吾师也。其下有五经师，兵法、历算、医、射各有师，皆听学官自择。凡邑之生童皆裹粮从学，离城烟火聚落之处，士人众多者，亦置经师。民间童子十人以上，则以诸生之老而不仕者充为蒙师⑪。故郡邑无无师之士。而士之学行成者，非主六曹⑫之事，则主分教之务，亦无不用之人。

学宫以外，凡在城在野寺观庵堂，大者改为书院，经师领之；小者改为小学，蒙师领之；以分处诸生受业。其寺产即隶于学，以赡诸生之贫者。二氏⑬之徒，分别其有学行者，归之学宫，其余则各还其业。

太学祭酒⑭，推择当世大儒，其重与宰相等，或宰相退处为之。每朔日，天子临幸太学，宰相、六卿、谏议皆从之。祭酒南面讲学，天子亦就弟子之列。政有缺失，祭酒直言无讳。

天子之子年至十五，则与大臣之子就学于太学，使知民之情伪，且使之稍习于劳苦。毋得闭置宫中，其所闻见不出宦官宫妾之外，妄自崇大也。

郡县，朔望⑮大会一邑缙绅士子。学官讲学，郡县官就弟子列，北面再拜，师弟子各以疑义相质难。其以簿书期会不至者罚之。郡县官政事缺失，小则纠绳，大则伐鼓号于众。其或僻郡下县，学官不能骤得名儒，而郡县官之学行过之者，则朔望之会，郡县官南面讲学可也。若郡县官少年无实学，妄自压老儒而上之者，则士子哗而退之。

择名儒以提督学政，然学官不隶属于提学⑯，以其学行名辈相师友也。每三年，学官送其俊秀于提学而考之，补博士弟子⑰。送博士弟子于提学而考之，以解礼部，更不别遣考试官。发榜所遗之士，有平日优于学行者，学官咨于提学补入之。其弟子之罢黜，学官以生平定之，而提学不与焉。

学历者能算气朔⑱，即补博士弟子，其精者同入解额，使礼部考之，官于钦天监⑲。学医者送提学考之，补博士弟子，方许行术。岁终，稽其生死效否之数，书之于册，分为三等，下等黜之，中等行术如故，上等解试礼部，入太医院而官之。

凡乡饮酒⑳，合一郡一县之缙绅士子。士人年七十以上，生平无玷清议者，庶民年八十以上，无过犯者，皆以齿㉑南面，学官、郡县官皆北面，宪老^㉒乞言。

凡乡贤名宦祠，毋得以势位及子弟为进退。功业气节则考之国史，文章则稽之传世，理学则定之言行。此外乡曲^㉓之小誉，时文之声名，讲章之经学，依附之事功，已经入祠者皆罢之。

凡郡邑书籍，不论行世藏家，博搜重购。每书钞印三册，一册上秘府^㉔，一册送太学，一册存本学。时人文集，古文非有师法，语录非有心得，奏议无裨时用，序事无补史学者，不许传刻。其时文、小说、词曲、应酬代笔，已刻者皆追板烧之。士子选场屋^㉕之文及私试义策，蛊惑坊市者，弟子员黜革，见任官^㉖落职，致仕官夺告身。

民间吉凶，一依朱子家礼行事。庶民未必通谙，其丧服之制度，木主之尺寸，衣冠之式，宫室之制，在市肆工艺者，学官定而付之。离城聚落，蒙师相其礼以革习俗。

凡一邑之名迹及先贤陵墓祠宇，其修饰表章，皆学官之事。淫祠通行拆毁，但留土谷，设主祀之。故入其境，有违礼之祀，有非法之服，市悬无益之物，土留未掩之丧，优歌在耳，鄙语满街，则学官之职不修也。

【注释】

① 班朝：班，次序之意。班朝谓正朝廷上下之位。语出《礼记·曲礼》："班朝治军，莅官行法，非礼威严不行。"

② 讯馘：馘（guó），古人用兵打战，如生俘敌人，则将之押回加以审讯；如杀死敌人，则割取对方左耳以为计战功之凭证。讯指生擒的俘虏，馘指杀死的敌人。语出《礼记·王制》："出征执有罪反，释奠于学，以讯馘告。"

③ 辟雍：古代天子所设立之太学，亦作辟痈、璧雍。语出《礼记·王制》："大学在郊，天子曰辟雍，诸侯曰泮宫。"所以名为辟雍者，郑玄注："辟，明也；雍，和也；所以明和天下。"意谓在此学习道艺，以使天下之人皆明达和谐也。

④ 闾阎：指民间。语出《汉书·异姓诸侯王表》："适戍强于五伯，闾阎逼于戎狄。"颜师古注："闾，里门也；阎，里中门也。"

⑤ 东汉太学三万人，危言深论，不隐豪强：东汉中叶起，由于嗣位君王皆幼弱，国政遂为外戚、宦官所把持，彼此钩心斗角，互成消长之势。桓帝时，宦官擅权，朝中重臣陈蕃、李膺与宦官交恶，时太学诸生三万余人，以郭林宗、贾伟节为首，不齿宦官所为，与陈、李互相褒重，以讽议朝政。会李膺为河南尹，有方士张成教子杀人，膺案杀之。张成本交通宦官，其弟子牢修，乃上书诬告膺等养太学游士，共为部党，诽讪朝廷，疑乱风俗。桓帝暗昧，遂于延熹九年（166），班下郡国，逮捕党人，收执膺等，连及陈寔之徒二百余人。次年，尚书霍谞、城门校尉窦武等并表为请，帝意稍解，乃皆赦归田里，禁锢终身。自此正直废放，邪枉炽结。史称第一次"党锢之祸"。其后至灵帝建宁、熹

平年间，又发生第二次党锢之祸，正人君子，摧残殆尽。中平元年（184），党禁虽解，然已朝野崩离，纲纪文章，荡然无存，东汉遂日趋衰亡。事见《后汉书·党锢列传》。

⑥ 宋诸生伏阙挝鼓，请起李纲：李纲，字伯纪，宋人。北宋钦宗靖康元年（1126），金人胁迫宋委质称臣，并割地赔款，当时宰相李邦彦怯懦无能，持避敌之意，主张割让三镇，与金人议和。李纲则力持战守，遂为权奸所排挤，罢尚书右丞职。太学生领袖陈东乃率领其徒伏阙上书，指斥李邦彦为社稷之贼，并请复用李纲。军民不期而集者达数万人，呼声动天。钦宗不得已，乃复李纲原职，然仍为权奸所挟，与金人议和。惟金人闻李纲复用，不待金帛数足，即引兵而去。事见《宋史·李纲传》以及《宋史·忠义列传》。

⑦ 编管陈、欧：宋代凡官吏受贬谪，则编置于所贬谪之地，令地方官加以管束，谓之编管。陈、欧指陈东、欧阳澈。陈东，字少阳，宋人。太学生。俶傥负气，当蔡京、王黼擅权时，人莫敢指言，独东无所隐讳。钦宗即位，率其徒伏阙上书，指斥蔡京、梁师成、李彦、朱勔、王黼、童贯误国，以为宜诛此六贼，传首四方，以谢天下，语极激愤。靖康元年（1126），金人南侵，童贯等挟徽宗东行避敌，以致民心浮动，百官多潜逃，东乃上书，请求将童贯明正典刑。及金人迫京师，东又请诛六贼。时梁师成尚在京中，东乃抉发其前后奸谋，师成终被贬谪死。又宰相李邦彦主与金人议和，并罢免主张战守之李纲尚书右丞职。陈东复率

诸生伏阙上书，指李邦彦、张邦昌等为社稷之贼，并请复用李纲，于是纲始复职，金人亦退。高宗即位，首召李纲为相，并召陈东，拟任用之。东至，适李纲为黄潜善、汪伯彦所陷去职，东乃上书乞留纲而罢黄、汪，不报。又请亲征，以迎还二帝；治诸将不进兵之罪，以鼓作士气；车驾归京师，勿幸金陵；又不报。会布衣欧阳澈亦伏阙上书，极诋用事大臣。黄潜善以语激怒高宗，谓如不亟诛，又将鼓众伏阙。于是陈东与欧阳澈遂被同斩于市。欧阳澈，字德明，宋人。尚气慷慨，忧国悯时。靖康初，曾应制条列弊政，陈安边御敌十策，未许发闻。又采朝政之乖失，发为保邦去贼者十事上闻。已而复论列十事。高宗即位，伏阙上封事，极诋用事大臣，遂被杀。陈、欧二人事皆见《宋史·忠义列传》。

⑧ 蚩蚩：敦厚无知之貌。语出《诗经·卫风·氓》："氓之蚩蚩，抱布贸丝。"

⑨ 谢事：指辞卸官职。

⑩ 清议：指清正之言论。

⑪ 蒙师：儿童入学，为其启蒙之教师。

⑫ 六曹：各州、县分主吏、户、礼、兵、刑、工各种庶务之机构。

⑬ 二氏：指佛教之僧尼及道教之道士。

⑭ 祭酒：此指国子祭酒，即太学之主事者，如今公立大学校长。

⑮ 朔望：农历初一曰朔，十五称望。

⑯　提学：官名，负责督导各州、县之学政。

⑰　博士弟子：由各地方推举至太学，受教于博士之学生。

⑱　气朔：指二十四节气。五日为一候，三候为一气，故一年有二十四节气，即立春、雨水、惊蛰、春分、清明、谷雨；立夏、小满、芒种、夏至、小暑、大暑；立秋、处暑、白露、秋分、寒露、霜降；立冬、小雪、大雪、冬至、小寒、大寒。

⑲　钦天监：明、清时代，掌管天文、历数、占候、推步之官署。

⑳　乡饮酒：古礼之一，乡大夫为尊贤养老，饮宾于庠序之礼。

㉑　齿：指年龄。

㉒　宪老：言取法于年老有德者。

㉓　乡曲：穷乡之地，僻处一隅，谓之乡曲。

㉔　秘府：朝廷收藏图书之所。

㉕　场屋：科举时代，试士之处所。

㉖　见任官：见，音义同现，在任之官员。

㉗　致仕官：指退休之官员。

㉘　告身：授官之符，如今之派令、委任状。

㉙　淫祠：指滥设之祠庙。

㉚　优歌：指柔曼浮靡之歌曲。

（三）语译

设置学校的用意是在培养士人。可是古代的圣王，用意却不仅止于此，他们认为学校要能兼有治理天下的功能，然后设置学校的用意才算完整。在天子的太学里，所进行的不只是使朝廷百官依序而立，发布国家法令，奉养老人，照顾孤儿，呈献战果，或者在有大规模的军事行动时集合将士，在国家有大法律事件时召集官吏人民，在举行大祭典时祭祀祖先等这些作用而已。更重要的是要使不管朝廷或者民间，在逐渐的熏陶影响之下，大家都具有诗书中所蕴涵的宽厚博大气象，凡事要求公评共识，天子所认为对的并不一定就对，天子所认为不对的并不一定错，因此天子也就不敢以自己的看法为标准来论断是非，而把是非的标准在学校里求公断。所以培养士人只是学校的一项功能，学校也不仅只是为培养士人而设置。

可惜三代以后，天下的是非标准却完全由朝廷做决断。天子加以奖赏的事，大家就跟着认为这件事一定对；天子加以惩罚的事，大家就群起指责，认为这件事一定不对。终于使得国家的公文、集会、钱财、米粮、法律案件，这些政治事务完全落到鄙俗的官僚手中，任他们胡作非为。在这种时代的风气、众人的心理都如此的情形下，如果稍微有人从学校出来评断是非，大家便认为学校跟整个社会习俗的急切需要没有什么关系。最后使得学校变成争取科举功名，一心追求富贵的场所，大家随着朝廷的趋势，以图谋私利，学校的作用也就完全改变。而有才能学术的士人也都是由民间自我奋发而起，跟学校的培养毫无关联，结果学校连培养士人的功能也丧失了。

学校功能既然丧失，有心人便起来创办书院，可是这些人认为错的，朝廷却反而认为是对的而加以奖赏；这些人认为对的，朝廷却反而认为是错的而加以处罚，甚至以为书院中所讲论的是假学术而下令禁止，把书院也加以拆毁，非要用朝廷的权力来加以压制不可。有操守的人不愿出来做官，朝廷却要加以处罚，认为这是率领天下的士大夫一起来背叛朝廷。一开始学校的讲学和朝廷的权力毫无瓜葛，到后来朝廷却用权力来对付学校的讲学，如此一来，不仅不能培养士人，甚且还要迫害士人，可是朝廷却又要设置学校，这到底是为了什么呢？

东汉时代的三万名太学生，往往以正大的言论深刻地批评朝政的缺失，即使面对势力强横者，也无所顾忌隐避，结果连朝廷的王公大人也畏惧他们的批评指摘。宋朝的太学生齐集到朝廷宫门，鸣鼓诉愿，要求政府起用忠臣李纲。他们的这种做法，与三代遗留下来的作风颇为接近。如果当时在朝廷执政的人，认同他们的是非判断标准，则那些祸国殃民的奸邪之人，也会被他们那种如同严霜厚雪的凛然正气所慑服，而不敢横行霸道。如此不仅君位可以安定，国家也能保存延续。可是论事的人却把他们的做法看作时代衰微所发生的不正常事情，其实东汉、北宋之所以会灭亡，是因为东汉收捕党人，造成党锢之祸；宋朝处死陈东、欧阳澈，使得正人君子受到摧残，小人气焰更为嚣张。这都是由于破坏学校所造成的，怎么可以反而责怪学校里的人呢！

啊！上天降生人民，把教化养育人民的责任托付给君王，可是自从授田养民的方法不行以后，人民只好自己购买土地来养活自己，君王却还要向人民征税来加重他们的负担；自从设置学校以教化人民的方法不行以后，忠厚无知的人民再也没有人来教化他们，君王却还要制造形势诱引他们图谋私利。如此做法是不仁到了极点，可是却还要以空有的名义，自我标榜地称自己为君父，其实哪里又尽到了像父母教养子女的责任，到底又欺骗得了谁呢！

（以下为黄宗羲所提对于改革学校的具体方法，因为文章较长，而且过于琐细，所以语译部分从省。）

（四）评述

黄宗羲目睹明代君主专制所造成的重大弊害，乃提出他的改造构想，除了在《原君》篇中郑重声明设置君王的本意之外，为防止君王权力的过度膨胀，更在《置相》篇中极力主张恢复相权以限制君权。在《学校》这篇文章中，他认为学校的功能不仅在于培养人才，尤在于培养健全的舆论力量，以监督批评朝政，其用意乃在提高士权以限制君权。总之，他的目标是希望通过多种不同的制衡力量，以避免造成君主集权，则所有因专制所产生的弊害即可消弭于无形。其关心国政，眷顾生民的用心，可谓极为深苦。

虽然黄宗羲以史学见长，在此篇文章中，也以历史考察方式，论定三代圣王设置学校的用意，是在使治天下之具皆出于学校。但就客观历史而言，我国对君主政体的设计，固然有以相权限制君权的本意，但似乎并无以士权限制君权的构想。在《国语·周语》中，虽然有"天子听政，使公卿至于列士献诗，瞽献曲，史献书，师箴，瞍赋，蒙诵，百工谏，庶人传语，近臣尽规，亲戚补察，瞽、史教诲，耆、艾修之，而后王斟酌焉"之类的记载，对君权的限制，其实并非强制性的限制，其身份也不是仅止于士人。而以后由此发展出来的谏议制度，实际上谏院仍属于政府机构，谏官也是政府的官员，与学校并无直接的关系。所以黄宗羲虽有提高士权以限制君权的构想，用心固然可取，然而若因此断定我国历史上本有这种事实的存在，恐怕仍有待商榷。

在此篇文章中，黄宗羲花了一半以上的篇幅，提出他对于改革学校的建议，其中如普遍设立学校，兼顾通才与专才的培养，政府官员的再教育，以至社会习俗的改革，用意皆相当可取，甚至有些在今天仍有其参考价值。如能彻底实施，不管对人才的培育，社会风气的改善，以至政治的清明，都将有一定程度的效用。但就其所极力主张的以学校监督批评朝政的构想来看，虽然文中也提到："每朔日，天子临幸太学……祭酒南面讲学，天子亦就弟子之列。政有缺失，祭酒直言无讳。""郡县，朔望……学官讲学，郡县官就弟子列……郡县官政事缺失，小则纠绳，大则伐鼓号于众。"以如此不免显得有些粗疏的设计，而欲达到限制君权这种严正的目标，恐怕是毫无作用。更何况他也提及东汉及北宋末年太学生受迫害的事情，在士权没有充分保障的情况下，却要拿来发挥限制君权的功能，这岂非有如缘木求鱼？

个人以为不管任何一种组织或机构，其设置的目标愈单纯，其功能也愈容易发挥。如果一定要具有多种不同的目标，则往往很容易在无法兼筹并顾的情形下，使其功能尽失。学校的目标既然主要在培养人才，则只要求培养出优秀杰出的人才，其他可以不必苛求。何况国家有优秀杰出的人才，对于政治必能有所助益改善，又何必一定要使学校肩负政治的功能？至于监督政府的实施，自可单独另立机构，有如现代民主国家的民意机构一般。否则，学校如果真要其兼顾发挥民意的效用，则恐怕学校又会变成另外一种嚣争的场所了。

第六章 人才的选用（《取士》上、下）

（一）说解

治理国家最需要人才，但是人才并非天生而有，所以要由国家培养。然而国家培养出人才，却不能选拔任用，则再杰出的人才也等于是废才，因此如何甄别选用人才，应该是国家的当务之急。国家所需用的人才必然是多方面的，而真正的人才又往往不能以僵硬的范围方式加以牢笼限制。可是明代选拔人才的方式却只有科举一途，且当时科举所考的又仅是只重形式、不重内容的八股文，所造成的流弊自然相当严重。黄宗羲目睹这种情形，在深切的感慨之余，乃提出他的看法和构想。

在基本观念上，黄宗羲认为选拔人才，条件应该尽量放宽；任用人才，则必须力求严格。因为选拔的条件宽，国家可以多得人才，以备不时之需，而豪杰之士也不会见弃而有遗珠之憾。任用的条件严，则可以适才适用，不会有在位者不得其人，或才非所用的弊病。

在实际的设计上，黄宗羲认为选取人才的途径应该尽量求多，因此提出科举、荐举、太学、任子、郡邑佐、辟召、绝学、上书共八种不同的方式。其中包括政府主动的征召（辟召），地方人士的推荐（荐举）；或经由考试（科举），或通过言论著作（上书）；有学校的栽培考核（太学），有公卿子弟的特别培养（任子）；或在地方实际事务上加以历练（郡邑佐），或学习专门实用的技能（绝学）。方式既宽广，得人也必众多。而在各种不同的方式中，又各有其严格的考核方法，必须通过这些考核，政府才加以任用。如此则可以官得其人，人称其职，达到人尽人才，蔚为国用的目标。

（二）原文

取士上

取士之弊，至今日制科而极矣。故毅宗尝患之也，为拔贡、保举、准贡、特授、积分、换授[①]，思以得度外之士。乃拔贡之试，犹然经义也，考官不遣词臣，属之提学，既已轻于解试[②]矣。保举之法，虽曰以名取人，不知今之所谓名者何凭也？势不得不杂以贿赂请托。及其捧檄而至，吏部以一义一论试之，视解试为尤轻矣。准贡者用解试之副榜③，特授者用会试④之副榜。夫副榜，黜落之余也，其黜落者如此之重，将何以待中式者乎！积分不去赀郎⑤，其源不能清也。换授以优宗室，其教可不豫乎！凡此六者，皆不离经义。欲得胜于科目之人，其法反不如科目之详，所以徒为纷乱而无益于时也。

唐进士试诗赋，明经试墨义⑥。所谓墨义者，每经问义十道，五道全写疏，五道全写注。宋初试士，诗、赋、论各一首，策五道，帖⑦《论语》十，帖对《春秋》或《礼记》墨义十条。其九经、五经、三礼、三传、学究⑧等，设科虽异，其墨义同也。王安石改法，罢诗赋、帖经、墨义，中书撰大义式颁行，须通经有文采，乃为中格，不但如明经墨义粗解章句而已。然非创自安石也，唐柳冕即有"明六经之义，合先王之道以为上等，其精于传注下等"之议。权德舆驳曰："注疏犹可以质验，不者有司率情上下其手⑨，既失其末，又不得其本，则荡然矣！"其后宋祁、王珪累有止问大义，不责记诵之奏，而不果行，至安石始决之。

故时文者，帖书、墨义之流也。今日之弊，在当时权德舆已尽之。向若因循不改，则转相模勒⑩，日趋浮薄，人才终无振起之时。若罢经义，遂恐有弃经不学之士，而先王之道益视为迂阔无用之具。余谓当复墨义古法，使为经义者全写注疏、大全⑪、汉宋诸儒之说，一一条具于前，而复申之以己意，亦不必墨守一先生之言。由前则空疏者绌，由后则愚蔽者绌，亦变浮薄之一术也。

或曰："以诵读精粗为中否，唐之所以贱明经也，宁复贵其所贱乎？"曰："今日之时文，有非诵数时文所得者乎？同一诵数也，先儒之义学，其愈于饾饤⑫之剿说亦可知矣。非谓守此足以得天下之士也，趋天下之士于平实，而通经学古之人出焉。昔之诗赋亦何足以得士，然必费考索，推声病⑬；未有若时文，空疏不学之人皆可为之也。"

取士下

古之取士也宽，其用士也严，今之取士也严，其用士也宽。古者乡举里选，士之贤能者，不患于不知。降而唐、宋，其为科目不一，士不得与于此，尚可转而从事于彼，是其取之之宽也。王制论秀士升之司徒曰选士，司徒论选士之秀者升之学曰俊士，大乐正论造士之秀者升之司马曰进士，司马论进士之贤者以告于王而定其论。论定然后官之，任官然后爵之，位定然后禄之。一人之身，未入仕之先凡经四转，已入仕之后凡经三转，总七转，始与之禄。唐之士，及第者未便解褐⑭，入仕吏部，又复试之。韩退之三试于吏部无成，则十年犹布衣也。宋虽登第入仕，然亦止是簿尉令录⑮，榜首才得丞判⑯，是其用之之严也。宽于取则无枉才，严于用则少幸进。

今也不然，其所以程士者，止有科举之一途，虽使古豪杰之士，若屈原、司马迁、相如、董仲舒、扬雄之徒，舍是亦无由而进取之，不谓严乎哉！一日苟得，上之列于侍从，下亦置之州县；

即其黜落而为乡贡者，终身不复取解，授之以官，用之又何其宽也。严于取，则豪杰之老死丘壑者多矣；宽于用，此在位者多不得其人也。

流俗之人，徒见夫二百年以来之功名气节，一二出于其中，遂以为科目已善，不必他求。不知科目之内，既聚此百千万人，不应功名气节之士独不得入。则是功名气节之士之得科目，非科目之能得功名气节之士也。假使士子探筹，第其长短而取之，行之数百年，则功名气节之士亦自有出于探筹之中者，宁可谓探筹为取士之善法耶？究竟功名气节人物，不及汉、唐远甚，徒使庸妄之辈充塞天下。岂天之不生才哉？则取之之法非也。吾故宽取士之法，有科举，有荐举，有太学，有任子，有郡邑佐，有辟召，有绝学，有上书，而用之之严附见焉。

科举之法：其考校仿朱子议，第一场《易》《诗》《书》为一科，子、午年试之。《三礼》兼《大戴》为一科，卯年试之。《三传》为一科，酉年试之。试义各二道，诸经皆兼四书义一道。答义者先条举注疏及后儒之说既备，然后以"愚按"结之。其不条众说，或条而不能备，竟入己意者，虽通亦不中格。有司有不依章句移文配接命题者，有忌讳丧礼服制不以为题者，皆坐罪。第二场周、程、张、朱、陆六子[17]为一科，孙、吴武经[18]为一科，荀、董、扬、文中[19]为一科，管、韩、老、庄为一科，分年各试一论。第三场《左》、《国》、三史[20]为一科，《三国》、《晋书》、"南北史"为一科，新旧《唐书》、《五代史》为一科，《宋史》、有明《实录》

为一科，分年试史论各二道。答者亦必撫事实而辨是非，若事实不详，或牵连他事而于本事反略者，皆不中格。第四场时务策三道。凡博士弟子员遇以上四年仲秋，集于行省而试之，不限名数，以中格为度。考官聘名儒，不论布衣、在位，而以提学主之。明年会试，经、子、史科，亦依乡闱^㉑分年，礼部尚书知贡举。登第者听宰相鉴别，分置六部各衙门为吏，管领簿书。拔其尤者，仿古侍中之职，在天子左右，三考满常调而后出官郡县，又拔其尤者为各部主事。落第者退为弟子员，仍取解试而后得入礼闱。

荐举之法：每岁郡举一人，与于待诏之列，宰相以国家疑难之事问之。观其所对，令廷臣反复诘难，如汉之贤良、文学以盐铁发策是也。能自理其说者，量才官之；或假之职事，观其所效而后官。若庸下之材剿说欺人者，举主坐罪，其人报罢。若道德如吴与弼、陈献章^㉒，则不次待之，举主受上赏。

太学之法：州县学每岁以弟子员之学成者，列其才能德艺以上之，不限名数，缺人则止。太学受而考之，其才能德艺与上不应者，本生报罢。凡士子之在学者，积岁月累试，分为三等，上等则同登第者，宰相分之为侍中属吏；中等则不取解试，竟入礼闱；下等则罢归乡里。

任子之法：六品以上，其子十有五年皆入州县学，补博士弟子员，若教之十五年而无成则出学。三品以上，其子十有五年皆入太学，若教之十五年而无成则出学。今也大夫之子与庶民之子同试，提学受其请托，是使其始进不以正；不受其请托，非所以优门第也。公卿之子不论其贤否而仕之，贤者则困于常调；不贤者而使之在民上，既有害于民，亦非所以爱之也。

郡县佐之法：郡县各设六曹，提学试弟子员之高等者分置之，如户曹管赋税出入；礼曹主祀事、乡饮酒、上下吉凶之礼；兵曹统民户所出之兵、城守、捕寇；工曹主郡邑之兴作；刑曹主刑狱；吏曹主各曹之迁除资俸也。满三考升贡太学，其才能尤著者，补六部各衙门属吏。凡廪生 [23] 皆罢。

辟召之法：宰相、六部、方镇及各省巡抚，皆得自辟其属吏，诚以职事，如古之摄官。其能显著，然后上闻即真 [24]。

绝学者，如历算、乐律、测望 [25]、占候 [26]、火器、水利之类是也。郡县上之于朝，政府考其果有发明，使之待诏，否则罢归。

上书有二：一、国家有大事或大奸，朝廷之上不敢言而草野言之者，如唐刘蕡、宋陈亮是也，则当处以谏职。若为人嗾使，因而扰乱朝政者，如东汉牢修告捕党人之事，即应处斩。一、以所著书进览，或他人代进，看详其书足以传世者，则与登第者一体出身。若无所发明，纂集旧书，且是非谬乱者，如今日赵宧光《说文长笺》、刘振《识大编》之类，部帙虽繁，却其书而遣之。

【注释】

① 拔贡、保举、准贡、特授、积分、换授：以上六者皆为选取人才之方法。拔贡为选拔在学生员之文行俱优者贡于京师，

保举为由各级官员保荐才行超卓之士，准贡为以乡试之副榜（备取生）贡于京师，特授则为以会试之副榜贡于朝廷，积分为依监生之学行高下依次分发至各官署学习，换授为宗室子弟可依父兄之荫入仕。

② 解试：即乡试，每三年，集合诸生于省城，由朝廷特派考官试之，中者称举人。

③ 副榜：于中者之外，别取若干名，谓之副榜。类如今之备取生。

④ 会试：乡试之次年，会集各省举人于礼部而试之，中者为贡生。会试发榜后，贡士再参加殿试，由皇帝亲自主持，中者为进士。

⑤ 赀郎：赀，财货也。赀郎乃以赀为郎，即以捐献财物给政府之方式取得官职。

⑥ 墨义：以经义试士，令其以笔墨作答，称墨义。

⑦ 帖：即下所云之帖经，为试士之法，将经书文句以纸贴之，令士子诵出之。

⑧ 学究：明经科目中之一种，言其学能够精通一经，即学究一经是也。

⑨ 有司率情上下其手：言官吏各按己意颠倒是非以玩法作弊。

⑩ 模勒：模仿承袭也。

⑪ 注疏、大全：指宋代所编之《十三经注疏》，与明代胡广

奉明成祖之命所编之《五经大全》，两者皆当时科举考试之范本。

⑫　愈于饾饤：愈，胜也。饾饤，本谓食物堆积甚多，后用以比喻文章因袭堆砌，不合于实情者。愈于饾饤，谓胜过抄袭堆砌者。

⑬　声病：指四声八病。四声为平、上、去、入四种字之声调，为作诗文所应讲求者。八病为平头、上尾、蜂腰、鹤膝、大韵、小韵、旁纽、正纽八种缺失，为作诗所应避免者。

⑭　解褐：古代平民衣褐，解褐即解去平民之衣而易官服，为入仕之意。

⑮　簿尉令录：为宋代县之长官及僚属。令为县令，掌一县之行政。簿为主簿，掌出纳文移，销注簿书。尉为县尉，掌阅习弓手，戢奸禁暴。录为录事，掌勾录事务及检稽之事。

⑯　丞判：即通判。宋朝有鉴于五代藩镇割据之弊，以朝臣通判府州之事，为知府、知州之副，凡兵民、钱谷、狱讼之事，与知府、知州共同签押施行。

⑰　周、程、张、朱、陆六子：指周敦颐、程颢、程颐、张载、朱熹、陆九渊六人，皆宋代之理学家。

⑱　孙、吴武经：孙武、吴起皆春秋、战国时代之军事家。孙武有《孙子兵法》，吴起有《吴子兵法》。

⑲　荀、董、扬、文中：荀卿，战国人。董仲舒、扬雄，汉人。文中子王通，隋人。皆前代名儒。

⑳　左、国、三史：《左传》《国语》及《史记》《汉书》《后

汉书》。

㉑　乡闱：即乡试，见注②。

㉒　吴与弼、陈献章：皆明代理学家。

㉓　廪生：生员之食廪者，犹今言公费生也。

㉔　即真：由代理改为正式任官，即真除也。

㉕　测望：即观测天文。

㉖　占候：根据气象等推测吉凶。

（三）语译

（《取士上》大抵在说明明思宗改革科举的方式极其不当，唐、宋时代的科举方式，因为过于琐细，所以语译部分从省。）

古时候选取人才，条件十分宽松，但是任用人才，条件却特别严格；现在选取人才，条件十分严格，可是任用人才，条件却特别宽松。古代人才从乡里推举出来，贤能的人才，不必担心不为人所知悉，而有遗珠之憾。后来到了唐、宋时代，虽然实行科举制度，由于科举的名目很多，所以人才在这一方面无法得到发展，还可以转到其他方面求表现，这是因为选取人才的条件非常宽松使然。《礼记·王制》谈到人才的选用，先把杰出的秀士送到掌管教化的司徒那儿参加甄选，这些杰出的秀士被称为选士。司徒经过甄选，又把优秀的选士送到太学去深造，这些优秀的选士被称为俊士。掌管太学教育的大乐正再把特异的深造之士，送到掌管爵禄的司马那里加以甄别，这些特异的深造之士被称为进士。最后由司马选出贤能的进士，呈报给天子，人才至此才算评定。人才评定之后才担任官职，担任官职之后才授予爵位，爵位定了然后才可以领取俸禄。像这样，一个人在未当官前，共要经过四次考核，当官之后还要经过三次考核，总共经过七次考核，才给他俸禄，可见任用的严格。唐代的士人考上科举之后，并不能马上当官，还要到吏部参加考试，及格后朝廷才授予官职，所以像韩愈虽已通过科举考试，但前后三次参加吏部的考试都失败了，因此经过十年之久，仍然还是个平民。宋朝虽然考上科举就可以当官，但也只是担任县令、主簿、县尉、录事这类的地方基层官员，只有考上第一名的人才能到州、府去担任通判，可见其用人的严格。如此情形，由于选取人才的条件宽松，才不会有人才不能出头的憾事发生；由于任用人才的条件严格，才不会有人侥幸被进用。

可是如今却并非如此，用来衡量人才的高下，只有科举考试一种方式而已。就算是像屈原、司马迁、司马相如、董仲舒、扬雄这些古代的豪杰之士，除了参加科举考试以外，并没有其他方法可以选取任用，这岂不是太严格了吗？一旦考取科举，成绩高的人就被安置到中央政府担任侍从天子的官员，成绩低的人也可以被分发到郡县任职，就是不能考取而被州县所推举出来的人，即使一辈子不再参加科举考试，政府仍然会分派他们官职，这样用人，岂不是失之太宽了吗？如此情形，选取人才过于严格，则杰出的人才往往会被终生埋没；任用人才又过于宽松，因此在位的官员往往不是适当的人。

一般见解不高的世俗之人，往往只因为看到两百多年以来，有一些功名气节之士经由科举考试出身，就认为科举考试制度已经很完善，不必再求改进。他们却不知道参加科举考试的人既然如此的众多，功名气节之士不可能就一定考得上。可见是功名气节之士借科举出身，并不是科举考试能选取得到功名气节之士。假使我们让读书人抽签，比较签条的长短加以选取，实行几百年以后，也一样可以从抽签中找到一些功名气节之士，难道就可以说抽签是选取人才的好办法吗？到底在明朝的科考制度之下，功名气节人物是远赶不上汉、唐时代，反而使得那些平凡愚妄的人充满天下。这岂是上天不降生人才吗？其实是因为选取人才的方法不适当罢了。所以我认为应该放宽取士的方法，提出科举、荐举、太学、任子、郡邑佐、辟召、绝学、上书等各种不同的途径，而任用的严格条件也附带说明。

（以下为黄宗羲对所提八种取用士人方式的说明，因为过于琐细，语译部分也从省。）

（四）评述

我国对于人才的选用方式，在春秋时代以前，由于社会有贵族与平民阶层的划分，所以是一种贵族世袭的局面，一般人民根本不可能被推选为官吏。《礼记·王制》虽有对人才选用的严密设计的记载，但很可能只是儒者的一种理想，或者也仅仅行之于贵族之间。直到春秋、战国，一方面因为教育文化的日渐普及，另一方面也由于当时各国为了因应实际形势的需要，渐渐引用游士，才开始形成布衣卿相之局面。然而当时各国引用人才，虽各有其方式，但大抵而言，都属因势制宜的一时运用，并非可以行之久远的完整办法，所以尚不能形成一种制度。

秦、汉以后，天下一统的局面已经形成，为了配合治理天下的需要，才开始逐渐形成一套完整的考选任用制度。就当时制度所显示的精神来看，的确如黄宗羲所说，是取之宽而用之严。即以汉制而论，对于人才的选拔是以郎选为主，而郎选又有以射策甲科为郎者，有以举孝廉或以举孝为郎者，有以父兄之荫为郎者，有以富赀为郎者，有以上书为郎者，有以良家子为郎者，有以善骑射或某种技能为郎者。郎选之外，还有荐举、辟召、察举及举贤良方正、"举茂才异等"等种种特科选举，可以看出当时选取人才的途径甚宽，所以能网罗各种不同的人才加以储备。人才选出之后，又有多种不同的任用方式以历练人才，其主要方式，如守（试用）、假（代理）、待诏（候用）等，皆是以实际的事务来考验人才的称职与否，以决定是否真除或任用，可以看出当时任用人才的要求颇严，所以能官得其人，人当其职。就因汉代有此良好的选用人才方法，所以汉代得人之盛与文治武功之隆，都远非其他朝代所能比拟。

隋、唐以后，虽然开始采用科举考试制度，但当时科举考试的科目很多，据《新唐书·选举志》记载，唐代取士之科有秀才，有明经，有进士，有明法，有明字，有明算，有一史，有三史，有开元礼，有道举，有童子，且明经又有多种不同的科别，尚能保有汉代选才途径宽广的遗意。直到武则天、唐玄宗以后，由于特重进士科，选才途径始日趋狭窄，而进士浮薄之风也逐渐形成。不过唐代科举始终是属于一种资格考试，中举之后，并不能任官，还要先考虑其德行，然后根据身（体貌）、言（言辞）、书（书法）、判（文理）四个标准加以进用，任用人才的条件还是相当的严格。

宋代科举大抵承袭唐代制度，然而还是独重进士一科，不过进士科已兼考诗赋、经义，较唐朝已有改善，但途径则趋狭窄。所幸宋代每科进士所取人数很多，因此途径虽不广，但选取不能说不宽。最大的问题是宋代的科举考试已是一种任用考试，读书人一经进士及第，朝廷便加授官，如此一来便造成取宽用宽的局面，所以宋朝冗官便成为普遍的现象。官冗于上，一方面官俸支出势必增加，造成国家财政的沉重负担；另一方面人才真伪混杂，对于士风吏治都有严重的破坏。

此种情形到了明朝更趋严重，因为明代科举考试完全以八股文章取士，人才既被限于形式拘谨的框条之中，而有鉴于宋代取士过宽，以致难以安插官职的弊病，每科所取进士人数相当有限，可是却又承继宋代任用考试的旧法。以此情形，就成为选取严格、任用宽松的局面，与汉、唐制度的遗意完全背道而驰，其所造成的弊害也就较宋朝更深。所以黄宗羲要在这篇文章中，再三强调应该恢复取宽用严的原则，以振兴人才。

黄宗羲所提科举、荐举、太学、任子、郡邑佐、辟召、绝学、上书八种选用人才的方式，虽不能说已经把各种网罗人才的方式都包纳在内，可以达到野无遗贤的地步，但大体上已能相当符合他所强调的取宽用严的原则，可以尽量避免选用人才不当所造成的流弊。其实际的设计，在今天由于已经时移势异，并不必要完全采行，然其所持的基本观念却深值我们重视，作为今日规划人事制度的参考。

第七章 国都的奠定（《建都》）

（一）说解

国都是中央政府的所在地，是全国的政治中心，一国的政务都从这里发号施令，而布达各地，因此又称为中枢。既是中枢所在，当然人才荟萃；人才集中，连带的教育文化、经济建设，以至军事防务也就跟着活络起来，所以国都又有首都之称。由于国都的地位如此重要，对于国都地点的选择便不能不格外慎重，否则便会影响到国家的安危，民族的盛衰，所以建都问题实在是政治的重大课题。

黄宗羲考察明代的历史，发现明朝之所以会灭亡，原因固然很多，但建都不当却是重要因素之一。他认为明朝建都在北京不过二百年，但对外则经常受到敌寇的骚扰，在内则必须耗费很多财力，将江南的粮米北运。既然已经把精神心力都投注到应付国防与经济问题上，国家的其他重要建设当然也就无法兼顾了，最后弄得礼乐政教都毫无成效，终于种下了朝代灭亡的祸因。

针对上述的弊病，黄宗羲认为奠定国都的适当地点应该是南京。他所持的理由是关中人物不及江南，而且关中已经残败，江南则富庶繁荣，为全国粮仓所在，可以赒济天下。为了说明这个道理，他以富有人家作为比喻，向来富人都是把门庭交给奴仆把守，而由自己来护卫宝库。江南既是全国的宝库，当然应该把中央政府安置在此，亲自防御。像明朝建都北京，则是亲自守卫门庭，实在是不智到了极点。

（二）原文

或问："北都之亡忽焉，其故何也？"曰："亡之道不一，而建都失算，所以不可救也。夫国祚中危，何代无之。安禄山之祸，玄宗幸蜀①；吐蕃之难，代宗幸陕②；朱泚之乱，德宗幸奉天③；以汴京中原四达，就使有急而形势无所阻。当李贼之围京城也，毅宗亦欲南下，而孤悬绝北，音尘不贯，一时既不能出，出亦不能必达，故不得已而身殉社稷。向非都燕，何遽不及三宗之事乎？"

或曰："自永乐都燕④，历十有四代，岂可以一代之失，遂议始谋之不善乎？"曰："昔人之治天下也，以治天下为事，不以失天下为事者也。有明都燕不过二百年，而英宗狩于土木⑤，武宗困于阳和⑥，景泰初京城受围⑦，嘉靖二十八年受围⑧，四十三年边人阑入⑨，崇祯间京城岁岁戒严⑩。上下精神敝于寇至，日以失天下为事，而礼乐政教犹足观乎？江南之民竭于输挽，大府之金钱靡于河道，皆都燕之为害也。"

或曰："有王者起，将复何都？"曰："金陵。"⑪或曰："古之言形胜者，以关中为上，金陵不与焉，何也？"曰："时不同也，秦、汉之时，关中风气会聚，田野开辟，人物殷盛，吴、楚方脱蛮夷之号，风气朴略，故金陵不能与之争胜。今关中人物不及吴、会⑫久矣，又经流寇之乱，烟火聚落，十无二三，生聚教训⑬，故非一日之所能移也。而东南粟帛，灌输天下。天下之有吴、会，犹富室之有仓库匮箧也。今夫千金之子，其仓库匮箧必身亲守之，而门庭则以委之仆妾。舍金陵而勿都，是委仆妾以仓库匮箧；昔日之都燕，则身守夫门庭矣。曾谓治天下而智不千金之子若与！"

【注释】

① 安禄山之祸，玄宗幸蜀：天子巡行所至曰幸。唐玄宗天宝十四载（755）十一月，范阳、平卢兼河东节度使安禄山偕其将史思明等，于范阳称兵作乱，史称"安史之乱"。次年六月，潼关失守，京师告急，玄宗乃西幸四川避难。七月，太子即位于灵武，是为肃宗，命部将郭子仪、李光弼等平乱，玄宗始于至德

二年（757）十月回京。

②　吐蕃之难，代宗幸陕：唐代宗广德元年（763）十月，吐蕃入寇，京城陷落，即位不久之唐代宗乃行次陕州（在今河南省境内）。后赖郭子仪平定吐蕃之难，代宗始于同年十二月回京。

③　朱泚之乱，德宗幸奉天：唐德宗建中三年（782），节度使李希烈、朱滔、田悦、李纳、王武俊并反。四年十月，德宗下令泾原诸道发兵救襄城，泾原节度使姚令言率兵五千抵京师，军士冒雨而来，寒饥甚，又多携子弟，冀得厚赐其家。既至，一无所赐。至浐水，诏京兆尹王翃犒师，惟粝食菜饭，众怒，乃还趋京师作乱。德宗仓皇逃至奉天。乱兵奉太尉朱泚造反。至次年（兴元元年）五月，克复京师，德宗始还。六月，朱泚伏诛。

④　永乐都燕：明太祖消灭元朝，奠明国都于南京，以北边多警，乃封其子棣于燕。及太祖崩，孙惠帝继位，燕王棣举兵南下，号曰靖难，攻陷南京，自立为帝，史称"靖难之变"。永乐元年（1403），礼部尚书李至刚建言迁都北京，制曰可。十四年，诏营建北京宫殿。十八年九月，宫殿成。十九年，正式迁都。自此以后，明朝诸帝皆都于北京。

⑤　英宗狩于土木：天子巡行所守曰狩。明英宗正统十四年（1449）七月，瓦剌头目也先率兵分道入寇，宦官王振劝帝亲征，师行至土木堡（在今河北省怀来县东南），中伏被掳北去，史称"土木堡之变"。

⑥　武宗困于阳和：明武宗正德十二年（1517）八月，都指

102

挥佥事江彬用事，导帝微服出幸昌平，为御史张钦所遮，乃还。数日，复夜出，度居庸关，幸宣府，遂至阳和（今山西省阳高县治），北兵入寇，赖诸将御之，寇始引去。

⑦　景泰初京城受围：明英宗正统十四年（1449）七月，"土木堡之变"发生，帝为瓦剌头目也先所掳北去。九月，景帝继位，改元，以明年为景泰元年。十月，也先进逼北京彰义、德胜、西直诸城门，皆为明兵所败，始引兵北去。

⑧　嘉靖二十八年受围：明世宗嘉靖二十八年（1549）二月，俺答入寇，犯宣府、永宁。次年八月，进逼京师，都城告警，数日，寇始退。

⑨　四十三年边人阑入：明世宗万历四十三年（1564）十二月，俺答犯山西，密迩京师，故云边人阑入。

⑩　崇祯间京城岁岁戒严：崇祯为明代最后一位皇帝思宗之年号，共计十七年（1628—1644）。自崇祯元年起，外则清兵屡寇北边，内则流寇大起，境内四处烽火，京城一夕数惊，尤以崇祯十一年，清兵迫京师；十七年，李自成陷北京为最严重。

⑪　金陵：即今南京。春秋战国时属吴，未有城邑。越王勾践灭吴，企图侵楚，始筑城以壮声势，然反为楚所灭，楚因置金陵邑。秦、汉以后，其名屡易。孙吴、东晋、宋、齐、梁、陈皆都于此，故有"六朝金粉"之称。

⑫　吴、会：吴郡与会稽郡，在今江、浙一带。

⑬　生聚教训：生指繁衍人口，聚指积聚财富，教训指教

化人民，即所谓庶之、富之、教之也。语出《左传·哀公元年》："越十年生聚而十年教训。"

（三）语译

有人问："建都于北京的明朝忽然一下子就灭亡了，原因何在呢？"我说："灭亡的原因很多，但是设置首都的地点不适当是重要因素，因此没有办法挽救。在历史上，有很多朝代都曾经遭遇到国运衰颓的危机，像唐朝在安禄山之难的时候，唐玄宗逃避到四川；在吐蕃之难的时候，唐代宗逃避到陕州；在朱泚之乱的时候，唐德宗逃难到奉天；但是最后都能重回首都，复兴唐朝。这是因为开封中原一带的地方，地势广阔平坦，可以四通八达，就算是有紧急情况，形势不会有所阻隔。当流寇李自成攻围北京城的时候，明思宗也想南下避难，但是却因为独处在极北之处，消息不够灵通，一下子逃不出来，就是逃出来，也不一定能到达南方，所以只好为国牺牲了。假如不是建都在北京，怎么会不如唐玄宗、代宗、德宗一样兴复故国呢？"

或许这个人会追问："自从明成祖建都于北京以来，经过十四个皇帝，传国可算很久，怎么可以因为明思宗一个皇帝的亡国，就批评当初建都北京不适当呢？"我说："以前的君王治理天下，都是把心力花在如何治理天下上，而不担心如何防备以免失去天下。但是明朝建都在北京还不到两百年，这期间，英宗在土木堡被瓦剌所俘虏；武宗在阳和被敌寇所围困；景泰初年，北京城被瓦剌攻围；嘉靖二十八年，俺答来围攻北京；嘉靖四十三年，俺答又侵入北边；到了崇祯年间，外有清兵进逼，内有流寇作乱，京城几乎年年都在戒严。全国上下的精神都消耗在对付敌寇的侵犯上，每天都在担心如何防备以免失去天下，像这样，礼乐政教当然就荒废无法推行了。而为了输送粮食供应京城，江南也因此消耗衰竭，国家财政金钱又浪费在水路运输上。这些都是建都北京所造成的祸害。"

或者有人还要再问："如您所说，假使有新的王朝兴起，那么应该建都何处？"我说："应该在南京。"他也许要问："古来论及形势的便利，都认为关中一带最好，南京并不算形势便利之处，你认为应该建都南京，理由何在？"我说："时代已经不同了。秦、汉时代，关中风土调和，习俗淳厚，彼此配合，所以土地充分开发利用，人口众多，人才辈出。那时吴、楚一带才刚开始接受文明的洗礼，脱离野蛮的生活，风土习俗还很朴质鄙陋，所以南京不能和关中一带的大都会相比。可是如今关中一带，谈到人口之众，人才之多，早已不如江南了，何况又经过流寇的冲击，人口聚集的村落绝大部分已经残毁不存，要重新繁衍人口，积聚财富，从事教化，绝非短时期所能生效。东南一带则繁荣富庶，粮米布帛可以供应天下。天下有江南地区，就好像富有人家储存财物的仓库箱笼一般。富贵人家的子弟都是亲自守卫仓库箱笼，而把门户庭院交给奴仆去防护。不建都南京，像以往一样的以北京为国都，等于是要奴仆守卫仓库箱笼，而自己却亲自防护门户庭院。难道治理天下的人，其才智竟连富贵人家的子弟都不如吗？"

（四）评述

国都地点的选定既然与国家的安危、民族的盛衰有莫大的关系，而为政治上的重大课题，当然值得我们审慎考虑。黄宗羲著作《明夷待访录》，关切国家政教的得失，能注意到奠都问题，其眼光的远大，不得不令人感到由衷的佩服。不过谈到他的见解是否高超，就难免有值得怀疑之处。他举出理由，认为理想的建都地点应在南京，我们不妨来检讨他的观点是否可以成立。

论及建都地点的选择，有三项因素值得注意：一为历史教训，二为地理环境，三为该地现况。

首先，就历史教训而言，黄宗羲固然举出许多明朝史实作为论据，但所举的只限于明朝一代，并不足以看出整个历史的教训。再深入探讨，更可以发现他所举的史实，从"英宗狩于土木"到"崇祯间京城岁岁戒严"，关键都不在建都不当，而是君王的昏庸或边防的不固，总之是政教失修所导致。政教既失修，即使是建都南京，难道就不会有如他所举的祸患发生吗？就整个中国历史的发展来看，奠都南京的朝代，孙吴、东晋、宋、齐、梁、陈，哪一个不是王业偏安，何尝有恢弘的气象。谈到历史的教训，这岂不是相当清楚明白？

其次，从地理环境来看，黄宗羲对此几乎没有接触到，篇中虽然提到"汴京中原四达，就使有急而形势无所阻"，但那是关中，不是南京。若是南京，岂不是有急时则势无可退，只有蹈海了？就我国整个地理形势而论，西北高而东南低，高者头脑，低者胸腹以下。头脑显露在外，常常有清新寒冷的刺激，胸腹包藏在内，时时有温暖安全的卫养，身体才不至于疲缓呆滞。朝向西北代表奋发上进，转向东南则是松颓后退。只有经得起考验，才能挺立不屈，所以汉、唐盛世，并非偶然。以此条件而论，南京绝非理想的建都地点。以中华民国为例，民国奠都南京，日本侵华则门户洞开，首都沦陷，抗战胜利后，还都南京，对于西北则鞭长莫及，南京僻处东南一隅的不利是极为明显的。

最后，谈到该地现况，这是黄宗羲所持的最大理由所在。由于江南水深土肥，的确为全国最富庶的地区，而自唐、宋以来，对江南的开发也远非全国其他地区可比。所以就现况而言，南京的繁盛绝对胜过其他地区的任何都会，更何况江南山水秀丽，又足以令人流连忘返。可是我们当知繁华往往容易消颓心志，所谓"生于忧患，死于安乐"，全国经济中心并不适宜成为政治中心，世界先进国家，如美国首都不在纽约而在华盛顿，英国首都不在利物浦而在伦敦，法国首都不在马赛而在巴黎，其中自有深刻的道理在。

还有，必须附带说明的是，黄宗羲以富贵人家的守卫门庭、仓库做比喻，是否恰当也是一个问题。何况守门庭正所以守仓库，门庭不守，仓库还保得住吗？

综上所述，可见黄宗羲对于建都问题，眼光虽然宏远，见解却未必高明，只能够说是一时救弊的权宜之计，而不是长治久安之策。

至于我国国都到底应该设置在何处呢？就历史教训而言，我国历史上最称盛世的汉、唐两代都是建都关中。就地理环境而言，关中比较接近全国的中心，运使操作不致对于其他地区有远近轻重之别，而又形势险要，可攻可守。就该地现况而言，关中固然已经残破，但是规模仍在，我们所应致力的应该是如何突破现况，改进现状，而不是迁就现状。

中华民国虽然在 1927 年奠都南京，但南京并非理想的国都所在地，当时作此决定实在有其客观的困难在，而日后的演变，如日寇的侵华，也已显出缺点。孙中山先生对建都问题，曾有"谋本部则武昌，谋藩服则西安，谋大洲则伊犁"的主张。（见章太炎《检论》卷七相宅篇）而国民政府曾于 1932 年定西安为陪都；1942 年，蒋介石更曾有战后定都西安的计划，并于 1945 年 7 月，前往西安、天水巡视，说："如决定首都在西京，则宜与天水及汉中打成一片，切实连系。"（见张其昀《江山如画》）他们的看法，在当时是较好的参考。

到了新世纪，情况又发生变化，此一问题也需重新考虑。

第八章 方镇的设置（《方镇》）

（一）说解

黄宗羲在《原法》篇中曾主张恢复封建制度，但是由于时代已经相隔久远，所以要骤然恢复恐怕不可能。因此他认为配合时代与形势的需要，可以恢复方镇的设置。方镇制度曾经于唐朝施行过，但是唐朝中叶如安禄山、朱泚都是以方镇作乱，后来乱事虽然平定，但是从此造成方镇割据的局面，终使黄巢、朱温可以乘机倡乱，而唐朝也因而灭亡。所以可能有人会认为黄宗羲的意见并不可取，但是黄宗羲则以为唐朝方镇虽然作乱，但乱事最后仍然依赖方镇平定；而唐朝终于被亡，是由于到了晚唐，方镇太多，力量分散，势力不够强大，彼此既不能互相牵制，也造成地方的空虚，所以为野心分子所乘。因此唐朝之所以会灭亡，并不是方镇势力强大，反而却是方镇力量太弱小的缘故。基于此，黄宗羲乃极力主张应该仿效唐朝初年的设计，在沿边一带设置方镇。如此，则封建可能造成的强弱吞并，地方政府权力太大，致使中央政府的政教不能推行，以及郡县制度可能造成的中央政府权力过大，地方政府因权小位轻而祸害不已等流弊都可以借在边境设置方镇求得解决。

对于黄宗羲的这种建议，我们所应特别注意的是，唐朝初年设置方镇实仅限于沿边一带，并非全国普遍实施。所以黄宗羲也认为只宜在辽东、蓟州（在今河北、天津）、宣府（在今河北）、大同（在今山西）、榆林（在今陕西）、宁夏、甘肃、固原（在今宁夏）、延绥（在今陕西）一带，以及云南、贵州等地实施。而一旦设置之后，则所有方镇之内的政治、教育、军事、财政、人事都应让其自治自理，使其享有充分的自主权，朝廷绝不加干涉。方镇只要每年上京贡物，表示对朝廷的尊重，以及每隔三年，上京朝觐，报告施政情形就可以。并且如果方镇能够把境内治理得适当，使兵民和睦，边境安宁的话，还可以允许他们世袭官职，以为酬劳慰勉。

黄宗羲认为如能按照他的主张施行，可有下列五点好处：第一是各方镇的统帅事权专一，可以使当地战守自固。第二是各方镇的财务可以自给自足，不必仰赖国家供应。第三是各方镇的军力可以保卫地方。第四是军队及粮饷可以由地方支应，以免加重国家的军政、财政负担。第五是地方兵力强盛，可以成为对中央的一种牵制，使中央不致因过度集权而造成弊害。

以上为《方镇》篇的大意。就在沿边一带设置方镇的构想而言，如能妥善规划，则一方面边邑不致过于空虚，可以防止外敌的入侵，对于中央形成一种屏蔽作用，另一方面由于让地方有充分的自主权，则可以因地制宜，使地方得到比较充分的发展。黄宗羲认为如此可以收到五个好处，虽然不一定能保证得到，但是确也不失为能兼顾边防与制衡中央过度集权的好办法。不过对于方镇统帅之职可以世袭这种建议，虽有鼓励作用，然而处理不当，恐怕弊病也不小，实有待商榷。否则，另外一种形式的"家天下"岂不是很容易又因而形成？

（二）原文

今封建之事远矣，因时乘势，则方镇可复也。自唐以方镇亡天下，庸人狃之[①]，遂为厉阶[②]，然原其本末则不然。当太宗分置节度，皆在边境，不过数府，其带甲[③]十万，力足以控制寇乱。故安禄山、朱泚皆凭方镇而起，乃制乱者亦借方镇[④]。其后析为数十，势弱兵单，方镇之兵不足相制，黄巢、朱温[⑤]遂决裂而无忌。然则唐之所以亡，由方镇之弱，非由方镇之强也。是故封建之弊，强弱吞并，天子之政教有所不加。郡县之弊，疆场之害苦无已时。欲去两者之弊，使其并行不悖，则沿边之方镇乎！

宜将辽东、蓟州、宣府、大同、榆林、宁夏、甘肃、固原、延绥俱设方镇，外则云、贵亦依此例，分割附近州县属之。务令其钱粮兵马，内足自立，外足捍患。田赋商税，听其征收，以充战守之用。一切政教张弛，不从中制。属下官员亦听其自行辟召，然后名闻。每年一贡，三年一朝。终其世兵民辑睦，疆场宁谧⑥者，许以嗣世⑦。

凡此则有五利：今各边有总督，有巡抚，有总兵，有本兵，有事复设经略，事权不一，能者坏于牵制，不能者易于推委。枝梧⑧旦夕之间，掩饰章奏之上，其未至溃决者，直须时耳。统帅专一，独任其咎，则思虑自周，战守自固，以各为长子孙之计，一也。国家一有警急，常竭天下之财，不足供一方之用。今一方之财自供一方，二也。边境之主兵常不如客兵⑨，故常以调发致乱，天启之奢酋⑩、崇祯之莱围⑪是也。今一方之兵自供一方，三也。治兵措饷皆出朝廷，常以一方而动四方，既各有专地，兵食不出于外，即一方不宁，他方宴如⑫，四也。外有强兵，中朝自然顾忌，山有虎豹，藜藿不采⑬，五也。

【注释】

① 狃之：狃，正也，纠正缺点之意。

② 厉阶：厉，恶也。厉阶指恶乱的根源。语出《诗经·大雅·瞻卬》："妇有长舌，维厉之阶。"

③ 带甲：指穿戴盔甲之兵士。

④　安禄山、朱泚皆凭方镇而起，乃制乱者亦借方镇：安禄山于唐玄宗天宝十四载（755），以范阳、平卢、河东三镇之兵作乱。朱泚于唐德宗建中四年（783），赖泾原镇之兵作乱。其详可参见第七章"国都的奠定"注释①③。安禄山之乱最后由郭子仪、李光弼所率领的朔方镇部队平定。郭子仪任朔方节度使，李光弼为朔方节度副使，后曾代郭子仪为节度使。朱泚之乱由李晟所率领之神策军平定，神策军虽为禁军，本为陇右节度使哥舒翰所创置，故将士皆河陇人。李晟以神策行营节度使之职平乱。

⑤　黄巢、朱温：黄巢，唐代曹州人。世代卖盐，家财丰厚，喜招养亡命者，善击剑骑射，稍通书记。唐僖宗乾符元年（874），王仙芝造反。次年，黄巢揭竿响应之。及王仙芝败亡，巢收招其党，被推为王，号冲天大将军。攻掠州郡，取洛阳，破潼关，所过伤亡甚重，最后进陷京师，僖宗奔蜀。黄巢称帝，国号大齐。其后勤王之师迭败巢将，李克用又入破京师，黄巢逃至狼虎谷自杀，其乱始平，时为僖宗中和四年（884）。朱温，唐代砀山人。唐僖宗时，从黄巢为盗，后降唐，赐名全忠。曾先后攻灭黄巢及秦宗权，受封为东平郡王。又以讨伐反将李克用，拜宣武节度使。继而率兵诛宦官，改封梁王。最后乃弑唐昭宗、唐哀帝，于哀帝天祐四年（907），篡唐自立为帝，国号大梁，改元开平。史称后梁。

⑥　宁谧：安宁而静谧。

⑦　嗣世：言职位可以世代相承继也。

⑧　枝梧：俗作支吾，谓以诡诈之言辞相抵拒。语出《史

记·项羽本纪》："诸将皆慴服，莫敢枝梧。"臣瓒曰："小柱为枝，邪柱为梧。"

⑨　客兵：一边有事，调遣他边之兵以为应援，谓之客兵。

⑩　天启之奢酋：奢酋指奢崇明。奢崇明，其先本猓猡种，世居永宁，为永宁宣抚司。与其子奢寅，久蓄异志。明熹宗天启元年（1621），募川兵援辽，崇明遂乘机调兵至重庆，据以作乱，国号大梁。复进围成都，幸巡抚朱燮元闭城固守，其后援兵至，崇明始退回重庆。朱燮元进克之，崇明势蹙，逃至水西，与时已造反之水西酋安邦彦合兵，势复张。迨明思宗崇祯元年（1628），朱燮元调集贵、湖、云、川、广诸军大败之，崇明伏诛，其祸始平。事见《明史·四川土司传》。

⑪　崇祯之莱围：指孔有德攻围莱州（在今山东省）之事。孔有德，明末人，世居辽东。明思宗崇祯四年（1631），以登州游击奉命率师援辽，军次吴桥，领兵作乱。于次年七月，再度攻围莱州城时，以伪降诈执登莱，巡抚都御史谢琏、莱州知府朱万年，二人皆死之。八月，明兵反攻，莱州之围始解除。其后孔有德于明兵围剿下降清。

⑫　宴如：宴，安也。宴如，安乐貌。

⑬　山有虎豹，藜藿不采：比喻有所顾忌而不敢为也。语本《淮南子·说山训》："山有猛兽，林木为之不斩；园有螫虫，藜藿为之不采。"又《后汉书·郑太孔融传》论："山有猛兽，藜藿为之不采；国有忠臣，奸邪为之不起。"

第九章 土地制度的改革（《田制》一、二、三）

（一）说解

　　黄宗羲的思想主要承袭自孟子，而更进一步地发挥阐扬，这一点在前面已再三地提及。对于土地的分配，孟子在书中颇津津乐道于井田制度的为民制产之义。黄宗羲既认为君王有养民的责任，所以也极推崇井田制度所显示的意义。在《原法》篇中即主张恢复井田制度，在《田制》这一篇文章中又再次强调井田十分税一制度之能为民生着想。可是井田制度被破坏以后，尽管在汉朝的某些时期，曾实施比井田十分税一看起来较轻的十五分税一，甚至三十分税一的赋税制度，但在井田制度下，土地皆由君王授与人民，此一制度既被破坏，人民只好自行出钱买田。所以君王不能授田与人民，却还要向人民抽税，则税率再低，其实都比井田十分税一重。不过三十分税一虽比井田重，但大抵尚能顾虑民生，以下下作为准则来抽税。然而后代君王却拘泥于井田十分税一的制度，不能授田与民，而向人民抽十分之一的税。更过分的是，到了后来，连十分税一的原则都守不住，税率愈定愈高，民生的困苦也就日甚一日。所以黄宗羲认为应复位天下之赋，以下下作为准则，才能免除民生的困苦。

民生的困苦，既然在于赋税太重，所以复位赋税应以下下作为准则，但最好还是能恢复井田制度，所以黄宗羲在《田制二》这篇文章中，又认为在井田制度破坏后，后儒所提的限田、均田等改革土地制度的种种建议，都不能与为民制产之义相符，根本解决不了问题。要彻底解除民生的困苦，惟有恢复井田制度。井田制度是否可复，历来儒者争论不决，黄宗羲以为如能就明代所实行的卫所屯田制度稍加变通扩大，则天下绝大部分的土地都可用以授与人民，而仅余极小部分由富民分占。如此则可以避免如限田、均田制度的夺富民之田以生乱的弊病，又可以合乎为民制产之义，使井田制度重复推行。

井田制度既然可以恢复，恢复之后当然必须复位赋税，要复位赋税，黄宗羲在《田制三》这篇文章中，认为必须要去除三种暴税之害：第一种为积累莫返之害，原来在三代时期，人民只须缴土地税，可是魏、晋、唐、宋以来，土地税以外又有户税，又有人口税，而且一再重复课征，人民负担愈来愈重。因此他认为必须将一切苛捐杂税完全废除，土地如为政府所授则取十分之一，如非政府所授则取二十分之一的土地税，至于户税、人口税只要足以供应国家出兵养兵的需要即可。第二种为所税非所出之害，原来在汉、唐以前，人民都是以自己的生产品缴税；唐代以后，为图方便，以钱替代粮米布帛；宋、明以来，更以银代钱。结果人民要缴税时，先须将农产品折换为银钱，而银数不足，银价日增，折换之数也就日减，负担当然加重。因此他认为应该恢复让人民以自己的生产品缴税的办法，才不至于使民生困瘁。第三种为田土无等第之害，土地的肥瘠程度不一，如完全依照土地面积的大小课税，显然相当不公平。而人民为了应付政府的税收，无法让田土休耕，结果地力日竭，如此恶性循环的结果，民生也就日益艰困，尤其是耕种贫瘠田土的人民，负担更是严重。因此他认为对于土地亩数的认定，不必拘泥固定标准，愈肥沃的土地一亩的面积愈小，愈贫瘠的土地，一亩的面积愈大，如此可使人民的负担趋于平均，以收等齐之效。

《明夷待访录》中，以《田制》三篇所占篇幅最多。《田制》三篇的主要内容已如上所述，重在为民制产，并减除暴税，以纾解民生的困苦。我们考察黄宗羲所醉心的井田制度，除了含有为民制产以养民之义以外，虽不能达到均富的目的，然颇符合孔子"不患寡而患不均"的目标，可使贫富的差距缩短，对于社会有相当大的安定作用。黄宗羲在这三篇文章中，虽然认为井田制度可以借由明代卫所屯田制度稍加变通并扩大而恢复，可是所讲仍不够详尽，是否真能恢复实属一大疑问。其实在时移势异之后，井田制度即使能够恢复，是否有必要恢复还是个问题。最主要者应该是充分体会井田制的遗意，以改善民生。准此而论，黄宗羲在《田制》篇中所显示出的关切民生疾苦、廓然大公的精神才是最值得我们肃然起敬的。

（二）原文

田制一

昔者禹则壤定赋①，《周官》体国经野②，则是夏之所定者，至周已不可为准矣。当是时，其国之君，于其封疆之内，田土之肥瘠，民口之众寡，时势之迁改，视之为门以内之事也。

井田既坏，汉初十五而税一，文、景三十而税一③，光武初行什一之法，后亦三十而税一④。盖土地广大，不能缕分区别，总其大势，使瘠土之民不至于甚困而已。是故合九州⑤之田，以下下为则，下下者不困，则天下之势相安，吾亦可无事于缕分区别而为则壤经野之事也。夫三十而税一，下下之税也。当三代之盛，赋有九等，不能尽出于下下，汉独能为三代之所不能为者，岂汉之德过于三代欤？古者井田养民，其田皆上之田也；自秦而后，民所自有之田也。上既不能养民，使民自养，又从而赋之，虽三十而税一，较之古亦未尝为轻也。

至于后世，不能深原其本末，以为什一而税，古之法也。汉之省赋，非通行长久之道，必欲合于古法。九州之田，不授于上而赋以什一，则是以上上为则也。以上上为则，而民焉有不困者乎！汉之武帝，度支⑥不足，至于卖爵⑦、贷假⑧、榷酤⑨、算缗⑩、盐铁⑪之事无所不举，乃终不敢有加于田赋者，彼东郭咸阳、孔仅、桑弘羊⑫，计虑犹未熟与？然则什而税一，名为古法，其不合于古法甚矣。而兵兴之世，又不能守其什一者，其赋之于民，不任田而任用，以一时之用制天下之赋，后王因之。后王既衰，又以其时之用制天下之赋，而后王又因之。呜呼！吾见天下之赋日增，而后之为民者日困于前。

儒者曰："井田不复，仁政不行，天下之民始嗷嗷矣。"孰知魏、晋之民又困于汉、唐，宋之民又困于魏、晋，则天下之害民者，宁独在井田之不复乎！今天下之财赋出于江南，江南之赋至钱氏⑬而重，宋未尝改；至张士诚⑭而又重，有明亦未尝改。故一亩之赋，自三斗起科⑮至于七斗，七斗之外，尚有官耗私增。计其一岁之获，不过一石，尽输于官，然且不足。乃其所以至此者，因循乱世苟且之术也。吾意有王者起，必当重定天下之赋，重定天下之赋，必当以下下为则而复合于古法也。

或曰："三十而税一，国用不足矣。"夫古者千里之内，天子食之，其收之诸侯之贡者，不能十之一。今郡县之赋，郡县食之不能十之一，其解运至于京师者十之九。彼收其十一者尚无不足，收其十九者而反忧之乎！

田制二

自井田之废，董仲舒有限民名田之议[16]，师丹、孔光因之[17]，令民名田无过三十顷，期尽三年而犯者没入之。其意虽善，然古之圣君，方授田以养民，今民所自有之田，乃复以法夺之。授田之政未成而夺田之事先见，所谓行一不义而不可为也。或者谓夺富民之田则生乱，欲复井田者，乘大乱之后，土旷人稀而后可。故汉高祖之灭秦，光武之乘汉，可为而不为为足惜。夫先王之制井田，所以遂民之生，使其繁庶也。今幸民之杀戮，为其可以便吾事，将使田既井而后，人民繁庶，或不能于吾制无龃龉[18]，岂反谓之不幸与？

后儒言井田必不可复者，莫详于苏洵；言井田必可复者，莫切于朝翰、方孝孺。洵以川路、浍道、洫涂、沟畛、遂径[19]之制，非穷数百年之力不可。夫诚授民以田，有道路可通，有水利可修，亦何必拘泥其制度疆界之末乎！凡苏洵之所忧者，皆非为井田者之所急也。朝翰、方孝孺但言其可复，其所以复之法亦不能详。余盖于卫所之屯田[20]，而知所以复井田者亦不外于是矣。世儒于屯田则言可行，于井田则言不可行，是不知二五之为十也。

每军拨田五十亩，古之百亩也，非即周时一夫授田百亩乎！五十亩科正粮十二石，听本军支用，余粮十二石，给本卫官军俸粮，是实征十二石也。每亩二斗四升，亦即周之乡遂用贡法[21]也。天下屯田见额六十四万四千二百四十三顷，以万历六年实在田土七百一万三千九百七十六顷二十八亩律之，屯田居其十分之一也。

授田之法未行者，特九分耳，由一以推之九，似亦未为难行。况田有官民，官田者，非民所得而自有者也；州县之内，官田又居其十分之三。以实在田土均之，人户一千六十二万一千四百三十六，每户授田五十亩，尚余田一万七千三十二万五千八百二十八亩，以听富民之所占，则天下之田自无不足，又何必限田、均田之纷纷，而徒为困苦富民之事乎！故吾于屯田之行，而知井田之必可复也。

难者曰："屯田既如井田，则屯田之军日宜繁庶，何以复有销耗也？"曰："此其说有四：屯田非土著之民，虽授之田，不足以挽其乡土之思，一也。又令少壮者守城，老弱者屯种。夫屯种而任之老弱，则所获几何？且彼见不屯者之未尝不得食也，亦何为而任其劳苦乎！二也。古者什而税一，今每亩二斗四升，计一亩之入不过一石，则是什税二有半矣，三也。又征收主自武人而郡县不与，则凡刻剥其军者何所不为，四也。而又何怪乎其销耗与？

田制三

或问井田可复，既得闻命矣，若夫定税则如何而后可？曰：斯民之苦暴税久矣，有积累莫返之害，有所税非所出之害，有田土无等第之害。

何谓积累莫返之害？三代之贡、助、彻^㉒，止税田土而已。魏、晋有户调^㉓之名，有田者出租赋，有户者出布帛，田之外复有户矣。唐初立租、庸、调之法[24]，有田则有租，有户则有调，有身则有庸；租出谷，庸出绢，调出缯纩布麻；户之外复有丁矣。杨炎变为两税[25]，人无丁中[26]，以贫富为差，虽租、庸、调之名浑然不见，其实并庸、调而入于租也。相沿至宋，未尝减庸、调于租内，而复敛丁身钱米[27]。后世安之，谓两税，租也；丁身，庸、调也；岂知其为重出之赋乎！使庸、调之名不去，何至是耶！故杨炎之利于一时者少，而害于后世者大矣。有明两税，丁口而外，有力差，有银差，盖十年而一值。嘉靖末行一条鞭法[28]，通府州县十岁中，夏税、秋粮[29]、存留、起运[30]之额，均徭[31]、里甲[32]、土贡[33]、顾募[34]、加银[35]之例，一条总征之。使一年而出者分为十年，及至所值之年一如余年，是银、力二差又并入于两税也。未几而里甲之值年者，杂役仍复纷然。其后又安之，谓条鞭，两税也；杂役，值年之差也；岂知其为重出之差乎！使银差、力差之名不去，何至是耶！故条鞭之利于一时者少，而害于后世者大矣。万历间，旧饷五百万，其末年加新饷九百万；崇祯间，又增练饷七百三十万；倪元璐为户部，合三饷为一，是新饷、练饷又并入于两税也。至今日以为两税固然，岂知其所以亡天下者之在斯乎！使练饷、新饷之名不改，或者顾名而思义，未可知也，此又元璐不学无术之过也。嗟乎！税额之积累至此，民之得有其生也亦无几矣！今欲定税，须反积累以前而为之制。授田于民，以什一为则；未授之田，以二十一为则，其户口则以为出兵养兵之赋。国用自无不足，又何事于暴税乎？[36]

何谓所税非所出之害？古者任土作贡[37]，虽诸侯而不忍强之以其地之所无，况于小民乎！故赋谷米，田之所自出也；赋布帛，丁之所自为也。其有纳钱者，后世随民所便。布一匹，直钱一千，输官[38]听为九百；布直六百，输官听为五百；比之民间，反从降落。是钱之在赋，但与布帛通融而已。其田土之赋谷米，汉、唐以前未之有改也。宋隆兴二年，诏温、台、处、徽[39]不通水路，其二税物帛，许依折法以银折输。盖当时银价低下，其许以折物帛者，亦随民所便也。然按熙宁税额，两税之赋银者六万一百三十七两而已，而又谷贱之时常平就籴[40]，故虽赋银，亦不至于甚困。有明自漕粮而外，尽数折银。不特折钱之布帛为银，而历代相仍不折之谷米，亦无不为银矣。不特谷米不听上纳，即欲以钱准银，亦有所不能矣！夫以钱为赋，陆贽尚曰："所供非所业，所业非所供。"以为不可，而况以银为赋乎！天下之银既竭，凶年田之所出不足以上供；丰年田之所出足以上供，折而为银，则仍不足以上供也。无乃使民岁岁皆凶年乎！天与民以丰年而上复夺之，是有天下者之以斯民为仇。然则圣王者而有天下，其必任土所宜，出百谷者赋百谷，出桑麻者赋布帛，以至杂物皆赋其所出，斯民庶不至困瘁尔。

何谓田土无等第之害？《周礼·大司徒》，不易之地家百亩，一易之地家二百亩，再易之地家三百亩[41]，是九则定赋之外，先王又细为之等第也。今民间田土之价，悬殊不啻二十倍，而有司之征收，画以一则，至使不毛之地岁抱空租，亦有岁岁耕种，而所出之息不偿牛种。小民但知其为瘠土，向若如古法休一岁、二岁，未始非沃土矣。官府之催科^㊷不暇，虽欲易之，恶得而易之，何怪夫土力之日竭乎！吾见有百亩之田而不足当数十亩之用者，是不易之为害也。今丈量天下田土，其上者依方田之法，二百四十步为一亩，中者以四百八十步为一亩，下者以七百二十步为一亩，再酌之于三百六十步、六百步为亩，分之五等。鱼鳞册^㊸字号，一号以一亩准之，不得赘以奇零。如数亩而同一区者不妨数号，一亩而分数区者不妨一号。使田土之等第，不在税额之重轻而在丈量之广狭，则不齐者从而齐矣。是故田之中下者，得更番而作以收上田之利。如其力有余也而悉耕之，彼二亩三亩之入，与上田一亩较量多寡，亦无不可也。

【注释】

① 禹则壤定赋：据《尚书·禹贡》所载，夏禹于平治洪水之后，将天下土地分为上上、上中、上下、中上、中中、中下、下上、下中、下下共九等则，并依此制定各等土地之赋税。

② 《周官》体国经野：《周礼》所言皆周朝设官分职之事，共有天、地、春、夏、秋、冬六官，各有其属以分任天下之事，故《周礼》原名《周官》。据《周礼·天官·冢宰》载："惟王建国，辨方正位，体国经野，设官分职，以为民极。"郑玄注："体犹分也，经谓为之里数。"王安石《周官新义》："宫门、城阙、

堂室之类，高下、广狭之制，凡在国者，莫不有体，此之谓体国。井牧、沟洫、田莱之类，远近、多寡之数，凡在野者，莫不有经，此之谓经野。"按，国指京城，体国谓凡在京城之内的建筑物都有一定的形制，适当的规划。野指乡野，经野谓在乡野之内的土地沟渠都有一定的大小长短。

③ 汉初十五而税一，文、景三十而税一：据《汉书·惠帝纪》："（汉高祖）十二年（前195）高祖崩……太子即皇帝位……减田租，复十五税一。"可见汉朝初年行十五税一之制，后来废行，至惠帝又恢复也。又《汉书·文帝纪》："二年（前178），诏曰：'……其赐天下民今年田租之半。'""十三年（前167），诏曰：'……其除田之租税……'"《汉书·景帝纪》："元年（前156），令田半租。"可知文帝二年，田租减半，为三十税一。至文帝十三年，更完全免除田租，直到景帝元年（前156）始恢复半租，其间凡十一年，为我国历史上所仅见的免税时期。

④ 光武初行什一之法，后亦三十而税一：事见《后汉书·光武帝纪》："建武六年（前30），诏曰：'顷者师旅未解，用度不足，故行什一之税。今军士屯田粮储差积，其令郡国收见田租三十税一如旧制。'"

⑤ 九州：古分天下为九州，而古籍记载不一，有《禹贡》九州、《尔雅》九州、《周礼》九州之分别：a.《禹贡》九州为冀、兖、青、徐、扬、荆、豫、梁、雍。b.《尔雅》九州为冀、幽、兖、营、徐、扬、荆、豫、雍。此为商朝之制，系将《禹贡》

九州之青州合于徐州，梁州合于豫州，而分冀州为冀、幽二州。c.《周礼》九州为冀、幽、并、兖、青、扬、荆、豫、雍。此为周朝制度，系将《禹贡》九州之徐州合于荆州，梁州合于雍州，而分冀州为冀、幽、并三州。

⑥　度支：官署名，掌管国家之财赋租税，量度收入以供应支出，故名度支。如今之财政部。

⑦　卖爵：即卖官鬻爵，凡人民向政府捐纳财物则可以取得官爵之制度，为君主时代之大劣政。

⑧　贷假："贷假"二字皆有借意。贷假为政府向民间借款以应国家财政之需，有如今之公债。

⑨　榷酤：榷，专利也。榷酤即不准民间酿酒，统由政府酿造公卖，以收其利。《汉书·武帝纪》："天汉三年（前98），初榷酒酤。"韦昭注："以木渡水曰榷。谓禁民酤酿，独官开置，如道路设木为榷，独取利也。"如今之专卖。

⑩　算缗：缗（mǐn），通鍲，商业成本。算缗即向商人课征成本税。《汉书·武帝纪》："元狩四年（前119），初算缗钱。"王先谦补注："缗训业，若今商贾成本之谓，此借缗为鍲。算缗钱者，占度货物成本直钱若干，簿纳官税。"

⑪　盐铁：即向民生必需品之盐铁征收货物税，春秋、战国时代，诸侯已实行之，至汉代渐形成专卖制度。

⑫　东郭咸阳、孔仅、桑弘羊：三人皆汉武帝时掌管财政之官员。

⑬　钱氏：指五代时吴越开国之主钱镠。

⑭　张士诚：元朝末年人，起兵抗元，自封为诚王，国号大周，又改称吴王。后为明太祖部将徐达、常遇春所擒灭。

⑮　科：品级，此指课税之等级。

⑯　董仲舒有限民名田之议：名田即占田，限民名田谓设立程限，使豪富之家所占土地不致过多，以防禁土地兼并也。事见《汉书·食货志》。

⑰　师丹、孔光因之：汉武帝时，董仲舒虽有限民名田之议，然未被实行。至汉哀帝时，接受大司空师丹、丞相孔光之建议，下诏限田，后终因贵幸、权臣之反对，未能实行。

⑱　龃龉：本指上下牙齿不相对，后引申为彼此意见不合而相互抵触仇恶。

⑲　川路、浍道、洫涂、沟畛、遂径：涂同途。遂，路也。按，此皆指沟渠及道路。

⑳　卫所之屯田：明代军制，自京师至郡皆设卫所，地系一郡者设所，连郡者设卫。大抵以五千六百人为一卫，一千一百二十八人为一千户所，一百一十二人为百户所。凡卫所军士于屯戍之地须开垦土地以自养。

㉑　周之乡遂用贡法：据《周礼·大司徒》所载，五家为比，五比为闾，四闾为族，五族为党，五党为州，五州为乡。是一乡为一万二千五百家。蔡沉传《尚书·费誓》："国外曰郊，郊外曰遂。"按，《周礼·大司徒》掌四郊乡党之民，使各依地

事而令贡赋。

㉒ 三代之贡、助、彻：贡为夏朝税法，助为商朝税法，彻为周朝税法，其税率皆为十分之一。《孟子·滕文公上》："夏后氏五十而贡，殷人七十而助，周人百亩而彻，其实皆什一也。彻者彻也，助者藉也。"赵岐注："民耕五十亩，贡上五亩。耕七十亩者，以七亩助公家。耕百亩者，彻取十亩以为赋。虽异名而多少同，故曰皆什一也。彻，犹彻取物也。藉者，借也，犹人相借力助之也。"

㉓ 户调：即户税也。晋武帝平吴后，制户调之式，丁男之户岁输绢三匹，绵三斤；女及次丁男为户者半输。

㉔ 租、庸、调之法：唐高祖武德七年（624），所定唐代赋役制度。凡丁男授田一顷，岁输粟二斛，稻三斛，谓之租。岁输绢二匹，绫絁二丈，布加五之一，绵三两，麻三斤，非蚕乡则输银十四两，谓之调。役人力，岁二十日，闰加二日，不役者日为绢三尺，谓之庸。有事而加役二十五日者免调，三十日租调皆免。此制既授田与民，合乎为民制产之精神，又税收项目列举分明，且税额不高，有轻徭薄赋之意，初唐、盛唐之国运昌隆，此制有以致之。可惜至唐德宗时，其法大敝，至建中年间乃改行两税法。

㉕ 两税：唐开国以来，行租庸调制，租为田赋，征其谷；庸为丁役，征其力；调为户调，征其布。其后版籍不完，丁户田产无可考。唐德宗时，杨炎为相，乃于建中元年（780），并租、庸、调为一，不问户籍，以现居入簿；不计中丁，以贫富为差；

且概令以钱纳税，分夏、秋两期收之，谓之两税法。夏税尽六月，秋税尽十一月。岁终以各道户赋增失，进退长吏，并置两税使以主之。原有租庸调制之优点，至此尽失，唐朝国运亦渐趋式微。

㉖ 丁中：唐制，凡男女始生为黄，四岁为小，十六为中，二十有一为丁，六十为老。

㉗ 丁身钱米：五代时，于江浙、荆湖、广南等地，向丁男课征钱米，分称丁身钱、丁身米。宋代于该等地方仍沿行之。

㉘ 一条鞭法：明神宗万历九年（1581），以税目繁杂，且滞纳颇多，乃命各州县总括赋役及土贡方物，亦即将所有正税及附加税，悉并为一条，皆计亩征银，折办于官，谓之一条鞭。此法对政府征收赋税颇为简便，然计亩征银则流弊颇多，盖无田亩者，纵为富室，亦可不负担赋役，且银价因而日涨，结果有田之农民乃益为疲困。

㉙ 夏税、秋粮：即两税法中，夏、秋两期所应纳之赋税。

㉚ 存留、起运：地方政府于征收赋税后，一部分留置于地方使用，谓之存留，一部分上缴中央，谓之起运。

㉛ 均徭：即徭役，其法以丁为单位，分上中下户为三等，五岁均役，一岁中各等应役者，编次均之，故曰均徭。

㉜ 里甲：亦称甲役，其法以户为单位，因赋定役，以一百一十户为里，里分十甲，甲凡十人，故曰里甲。

㉝ 土贡：各地方以当地土产贡于中央。

㉞ 顾募：当服力役者纳银于官府，由官府雇人以充其役。

㉟　加银：计各地所应缴纳之银，加派其额，谓之加银。

㊱　使一年而出者分为十年：明代于洪武十四年（1381），按天下之户口编成黄册，以一百一十户为里，里分甲，甲凡十人，里长管摄一里之事，凡十年一周。凡一岁之役，由值年之里甲当其事，非值年之里甲则于该岁不服任何劳役，是十年只须服役一年。

㊲　任土作贡：依土地所能生产者，以制定贡赋，语出《尚书·禹贡》："禹别九州，随山浚川，任土作贡。"伪《孔传》："任其土地所有，定其贡赋之差。"

㊳　输官：谓将赋税输送于官府也。

㊴　温、台、处、徽：温州，在今浙江省，治永嘉，辖永嘉、瑞安、乐清、平阳、泰顺五县及玉环厅。台州，在今浙江省，治临海，辖临海、黄岩、天台、仙居、宁海、太平六县。处州，在今浙江省，治丽水，辖丽水、青田、缙云、松阳、遂昌、龙泉、庆元、云和、宜平、景宁十县。徽州，在今安徽省，治歙，辖歙、休宁、婺源、祁门、黟、绩溪六县。

㊵　常平就籴：籴，音 dí，买米也。常平为官署名，职在于谷价低廉时，以较高价格购买收藏之，以利农民；于谷价高涨时，以较低价格抛售之，以平抑物价而利穷民。

㊶　《周礼·大司徒》云云：语出《周礼·地官》。不易之地，土地最肥沃，可以年年耕种，故仅百亩。一易之地，地稍瘠薄，必须一年耕种，一年休耕，故增为二百亩。三易之地，最为贫瘠，

休耕二年才能耕作一年，故再增为三百亩。

㊷　催科：即催收租税，以租税有科则之别，故云催科。

㊸　鱼鳞册：明太祖洪武二十年（1387），为防止富户以田产诡托亲邻佃仆以逃赋役，乃遣使至各州县查定底细，编类为册，其法随粮而定区，区设粮长一人，以悉图写田之方圆、丈尺、字号、四至及主名，汇订成册，状如鱼鳞，故名鱼鳞册。按，鱼鳞册以田为主，如今之农田图册，与当时以户口为主之黄册（分划里、甲之图册，如今之户籍图册，以每册之封皮皆采黄色，故名黄册），为明代向人民课征赋役之依据。

第十章　军事制度的改革（《兵制》一、二、三）

（一）说解

明代初年，在军事上实行卫所屯田制度，凡军士皆屯田，而以田养兵，有事则出征，无事则屯垦，利用余暇，讲习武事，军队粮饷不必仰赖国家供应，所以虽养兵百万，却可以不费百姓一粒米。当时国势强盛，与此制度的这种优点有很密切的关系。可是卫所屯田制度却有一个很大的致命伤，那就是兵士都是世袭，凡是人民一经选派为军人，那么他的子孙就世世代代都是军人，于是造成兵民两分的现象。最后，一方面是军士受不了长期征伐屯驻，以及军官的欺压之苦，逃亡的人很多，另一方面是军士年老之后，征伐屯垦都已无能为力，成为军队的一大负担，结果屯垦的人日渐减少，军粮供应不足，还是必须由国家支付。各卫所终于无法在经济上自给自足，原有优点完全丧失，此一制度亦告瓦解。

卫所制度既然破坏，原有卫所军士已不能尽其保国卫民的责任，于是招募制度应运而起。招募是由政府或将领募集自愿入伍者，所有士兵之入伍、退伍并无法律限制，亦无须世袭，可以免除卫所制度的缺失。但是时日一久，所募兵额愈来愈多，国家财力负担渐感沉重，有时甚至于还有积欠粮饷之情形，因此士兵们或者干脆逃亡，或者在这一支部队领了饷之后，就投奔到另外一支部队重复领饷，不仅增加财政的负担，而且军纪涣散，战斗力也随之减弱，招募制度亦终于因而失去其作用。

到了明朝末年，由于流寇到处作乱，明思宗为了借重将领平定寇乱，于是专门倚任大帅，不让文臣节制部队。所以不到几年的时间，就演变成武将拥众自重的局面。将领们为了保全私人实力，不再听从政府调遣，甚至为了攘夺地盘，还彼此互相攻伐。这种大将屯兵的情况，有如唐朝中叶以后的藩镇割据，结果是兵骄将悍，终使国力日蹙，不仅无法控制流寇的蔓延，等到清兵入关，也大都按兵不动，心存观望，甚者贪利忘义，变节降敌，明朝的江山，终告沦亡。

明代的兵制，大抵而言，有上述的三种演变情形。黄宗羲在《兵制一》这篇文章中，认为明朝之所以会灭亡，都是由于上述三种演变所造成的弊害使然。根据黄宗羲的分析，卫所制的弊病在兵民太分，招募制的弊病在于财政负担太重，大将屯兵的弊病则在于专任武将。其中尤以专任武将之弊最为严重，因此他除了在《兵制一》这篇文章中说明兵民太分，以及粮饷负担太重的弊害以外，更以《兵制二》整篇文章来说明专任武人的弊害。他认为壮健轻死善击刺的武人必须要能听从将帅的指挥运用，而古来将帅都是由知理明义的文臣及儒生担任。所以武人应接受文臣儒生的节制，因为有文臣儒生的运筹帷幄，武人始有可能决胜于疆场之上。

针对明代军事制度不当所造成的流弊，黄宗羲主张改革。在《兵制一》这篇文章中，他认为天下的兵额应该依照人口数来征调，在平时训练之时，五十人之中征调两人受训；到了要调遣去征伐之时，则五十人之中只要选取一人就可以。凡被征调去受训征伐的人，每隔四年调遣一次，从二十岁开始入伍，到五十岁就除役，那么在三十年中间，只要服役七次，如此可以不必太劳费民力。至于天下养兵的费用则应该由所有家户负担，士兵平时受训可以不必由家户出钱供养，但抽调去征伐时，则由十户负责供养一人，如此可以不必太劳费民财。这种制度，除了可以减省人民财力的负担，使国家财政不致困竭以外，部队也因为没有老弱的士卒，战斗力可以增强。同时，由于士兵都由民间征调，平常不服役时以及除役以后，又回到民间，兵民可以不分。如此，国富兵强，兵民一体，种种流弊皆可消弭于无形。

此外，黄宗羲又特别针对明末专任武人的流弊，在《兵制三》整篇文章中，认为古代文武合途，到唐、宋以后，文武开始分为两途，但还文武参用；直到明朝，文人不再为将领兵，武人也开始专擅跋扈起来。为了消除此种病害，黄宗羲主张儒生应该熟习兵书战策，武夫也应该懂得亲上爱民，使文武复归同途。如此，则不仅军事可以重上轨道，即政治亦可因而获得安定。

以上是黄宗羲在《兵制》三篇之中的议论。他对于明代军事制度的说明分析，可谓十分警切。就以卫所屯田制度来说，议者常拿来跟唐代的府兵制度相提并论，其实府兵是选民为兵，深得寓兵于农之意；卫所则兵民两分，军伍世袭。二者显然有很大的差别。黄宗羲就能明白掌握其中关键，说明卫所之制在开始时虽有其功效，但最后产生种种流弊，都是由于军民太分、制度不善所造成的。又如古代士人可以出将入相，少有文人暗弱或武将跋扈之事发生。黄宗羲极力主张应使文武合途，真是能深得古人的遗意。就以他个人而论，以一个儒生，而能深切明白明代军事制度的弊病，并提出具体的改革方案，尤其是在明朝灭亡以后，还能召集义军，凭山设险，与清兵周旋达七八年之久，能文能武，是一般徒发空言的人所不能及的。

（二）原文

兵制一

有明之兵制，盖亦三变矣①：卫所之兵变而为召募，至崇祯、弘光间又变而为大将之屯兵。卫所之弊也，官军三百十三万八千三百，皆仰食于民；除西北边兵三十万以外，其所以御寇定乱者，不得不别设兵以养之。兵分于农，然且不可，乃又使军分于兵，是一天下之民养两天下之兵也。召募之弊也，如东事②之起，安家、行粮、马匹、甲仗费数百万金，得兵十余万而不当三万之选，天下已骚动矣。大将屯兵之弊也，拥众自卫，与敌为市，抢杀不可问，宣召不能行，率我所养之兵反而攻我者，即其人也。有明之所以亡，其不在斯三者乎！

议者曰："卫所之为召募，此不得已而行之者也；召募之为大将屯兵，此势之所趋，而非制也。原夫卫所，其制非不善也，一镇之兵足守一镇之地，一军之田足赡一军之用，卫所、屯田，盖相表里者也。其后军伍销耗，耕者无人，则屯粮不足，增以客兵③。坐食者众，则屯粮不足，于是益之以民粮，又益之以盐粮④，又益之以京运⑤，而卫所之制始破坏矣！都燕而后，岁漕⑥四百万石，十有二总领卫一百四十旗，军十二万六千八百人⑦，轮年值运，有月粮，有行粮⑧，一人兼二人之食，是岁有二十五万三千六百不耕而食之军矣，此又卫所之制破坏于输挽⑨者也。中都⑩、大宁⑪、山东、河南附近卫所，轮班上操⑫，春班以三月至八月还，秋班以九月至二月还，有月粮，有行粮，一人兼二人之食，是岁有二十余万不耕而食之军矣，此又卫所之制破坏于班操者也。一边有事则调各边之军，应调者食此边之新饷，其家口又支各边之旧饷，旧兵不归，各边不得不补，补一名又添一名之新饷，是一兵而有三饷也。卫所之制至是破坏而不可支矣。凡此皆末流之弊，其初制岂若是哉！"

为说者曰："末流之弊，亦由其制之不善所致也；制之不善，则军民之太分也。凡人膂力⑬不过三十年，以七十为率⑭，则四十年居其老弱也。军既不得复还为民，则一军之在伍，其为老弱者亦复四十年，如是而焉得不销耗乎！乡井之思，谁则无有？今以谪发充之，远者万里，近者千余里，违其土性，死伤逃窜，十常八九，如是而焉得不销耗乎！且都燕二百余年，天下之财莫不尽取以归京师，使东南之民力竭者，非军也耶！"

或曰："畿甸⑮之民大半为军，今计口而给之，故天下有荒岁而畿甸不困，此明知其无益而不可已者也。"曰："若是则非养兵也，乃养民也。天下之民不耕而待养于上，则天下之耕者当何人哉？东南之民奚罪焉！夫以养军之故，至不得不养及于民，犹可谓其制之善与？"

余以为天下之兵当取之于口，而天下为兵之养当取之于户。其取之口也，教练之时，五十而出二；调发之时，五十而出一。其取之户也，调发之兵十户而养一，教练之兵则无资于养。如以万历六年户口数目言之，人口六千六十九万二千八百五十六，则得兵一百二十一万三千八百五十七人矣；人户一千六十二万一千四百三十六，则可养兵一百六万二千一百四十三人矣。夫五十口而出一人，则其役不为重；一十户而养一人，则其费不为难；而天下之兵满一百二十余万，亦不为少矣。王畿之内，以二十万人更番入卫，然亦不过千里。假如都金陵⑯，其入卫者但尽金陵所属之郡邑，而他省不与焉。金陵人口一千五十万二千六百五十一，则得胜兵^⑰二十一万五百。以十万各守郡邑，以十万入卫；次年则以守郡邑者入卫，以入卫者归守郡邑；又次年则调发其同事教练之兵，其已经调发者则住粮归家，但听教练而已。夫五十口而出一人，而又四年方一行役，以一人计之，二十岁而入伍，五十岁而出伍，始终三十年，止历七践更^⑱耳；而又不出千里之远，则为兵者其任亦不为过劳。国家无养兵之费则国富，队伍无老弱之卒则兵强。人主欲富国强兵而兵民太分，唐、宋以来但有彼善于此之制，其受兵之害，未尝不与有明同也。

兵制二

国家当承平之时，武人至大帅者，干谒^⑲文臣，即其品级悬绝，亦必戎服，左握刀，右属弓矢，帕首袴靴^⑳，趋入庭拜，其门状^㉑自称走狗，退而与其仆隶齿。兵兴以后，有言于天子者曰："今日不重武臣，故武功不立。"于是毅宗皇帝专任大帅，不使文臣节制^㉒。不二三年，武臣拥众，与贼相望，同事虏略。李贼入京师，三辅^㉓至于青、齐^㉔诸镇，栉比^㉕而营。天子封公侯，结其欢心，终莫肯以一矢入援。呜呼！毅宗重武之效如此。

"然则武固不当重与？"曰："毅宗轻武而不重武者也。武之所重者将，汤之伐桀，伊尹为将；武之入商，太公为将；晋作六军，其为将者皆六卿之选也^㉖。有明虽失其制，总兵^㉗皆用武人，然必听节制于督抚^㉘或经略^㉙。则是督抚、经略，将也；总兵，偏神[30]也。总兵有将之名而无将之实，然且不可，况竟与之以实乎？夫安国家，全社稷，君子之事也；供指使，用气力，小人之事也。国家社稷之事，孰有大于将？使小人而优为之，又何贵乎君子耶！今以天下之大托之于小人，为重武耶，为轻武耶？是故与毅宗从死者[31]，皆文臣也。当其时，属之以一旅，赴贼俱死，尚冀十有一二相全，何至自殊城破之日乎！是故建义[32]于郡县者，皆文臣及儒生也。当其时，有所藉手[33]以从事，胜负亦未可知，何至驱市人而战，受其屠醢[34]乎！彼武人之为大帅者，方且飙浮云起[35]，昔之不敢一当敌者，乘时易帜[36]，各以利刃而齿腐朽[37]，鲍永所谓以其众幸富贵矣！而后知承平之时，待以仆隶者之未为非也。"

"然则彭越、黥布[38]非古之良将与？"曰："彭越、黥布，非汉王将之者也。布、越无所藉于汉王[39]而汉王藉之，犹治病者之服乌喙、藜芦[40]也。人见彭越、黥布之有功而欲将武人，亦犹见乌喙、藜芦之愈病[41]而欲以为服食也。彼粗暴之徒，乘世之衰，窃乱天常，吾可以权授之，使之出落钤键[42]也哉！"然则叔孙通专言斩将搴旗[43]之士，儒生无所言进，何也？"曰："当是时，汉王已将韩信，彼通之所进者，以首争首、以力搏力之兵子耳，岂所谓将哉！"然则壮健轻死善击刺者，非所贵与？"曰："壮健轻死善击刺之在人，犹精致犀利之在器甲也。弓必欲无漧[44]，冶必欲援胡之称[45]，甲必欲上旅下旅札续之坚[46]，人必欲壮健轻死善击刺，其道一也。器甲之精致犀利，用之者人也；人之壮健轻死善击刺者，用之者将也。今以壮健轻死善击刺之人而可使之为将，是精致犀利之器甲可以不待人而战也。"

兵制三

唐、宋以来，文武分为两途，然其职官，内而枢密[47]，外而阃帅州军[48]，犹文武参用。惟有明截然不相出入[49]，文臣之督抚，虽与军事而专任节制，与兵士离而不属。是故莅军者不得计饷，计饷者不得莅军；节制者不得操兵，操兵者不得节制；方自以犬牙交制[50]，使其势不可为叛。夫天下有不可叛之人，未尝有不可叛之法。杜牧所谓圣贤才能多闻博识之士，此不可叛之人也。豪猪健狗之流，不识礼义，喜房掠，轻去就，缓则受吾节制，指顾簿书之间[51]；急则拥兵自重，节制之人自然随之上下[52]。试观崇祯时，督抚曾有不为大帅驱使者乎？此时法未尝不在，未见其不可叛也。

有明武职之制，内设都督府[53]、锦衣卫[54]，外设二十一都司[55]，四百九十三卫，三百五十九所。平时有左右都督、都指挥使、指挥使，各系以同知、佥事[56]及千户、百户、镇抚之级；行伍有总兵、副将、参将、游击、千把总之名。宜悉罢平时职级，只存行伍。京营之兵，兵部尚书即为总兵，侍郎即为副将，其属郎官即分任参、游。设或征讨，将自中出，侍郎挂印而总兵事，郎官从之者一如京营；或用巡抚为将，巡抚挂印，即以副将属之参政[57]，参将属之郡守，其行间战将勇略冠军者[58]即参用于其间。苟如近世之沈希仪、万表、俞大猷、戚继光(59)，又未尝不可使之内而兵部，外而巡抚也。

自儒生久不为将，其视用兵也，一以为尚力(60)之事，当属之豪健之流；一以为阴谋之事，当属之倾危之士(61)。夫称戈比干立矛者，士卒之事而非将帅之事也。即一人以力闻，十人而胜之矣。兵兴以来，田野市井之间，膂力过人者，当事者即以奇士待之，究竟不当一卒之用。万历以来之将，掩败饰功(62)，所以欺其君父者何所不至，亦可谓之倾危矣。乃止能施之君父，不能施之寇敌。然则今日之所以取败亡者，非不足力与阴谋可知矣。使文武合为一途，为儒生者知兵书战策非我分外，习之而知其无过高之论；为武夫者知亲上爱民为用武之本，不以粗暴为能；是则皆不可叛之人也。

【注释】

① 有明之兵制，盖亦三变矣：明太祖洪武元年（1368），采刘基之议，立卫所制度，大抵五千六百人为卫，一千一百二十人为千户所，一百一十二人为百户所。英宗正统十四年（1449），“土木堡之变”以后，开始派朝官四处募兵，于是变而为招募制度。思宗崇祯元年（1628），流寇大起，开始专任大帅，又再变为大将之屯兵。

② 东事：指明世宗嘉靖年间，倭寇屡次侵犯我东南海疆之事。

③　客兵：见第八章"方镇的设置"，注⑨。

④　盐粮：即盐税，洪武二年（1369），规定正盐每四百斤纳粮一石，至洪武十七年（1384），改收银钱。

⑤　京运：指全国各地输送至京师之粮米。

⑥　漕：指漕运，即水道运输。明成祖迁都北京以后，置重兵于北方，每年须将东南之粮米四百万石，由卫军负责，经由水路北运，以供应军食，为明代要政。

⑦　十有二总领卫一百四十旗，军十二万六千八百人：即明成祖时，负责督运漕粮之部队也。

⑧　有月粮，有行粮：按月支领的粮饷称为月粮，有如今之正薪。出行在外所支领之粮饷名叫行粮，有如今之出差费。

⑨　输挽：车运曰输，引车曰挽。输挽即运输也。

⑩　中都：地名，在今安徽省凤阳县。

⑪　大宁：地名，在今河北省平泉县北。

⑫　轮班上操：明成祖时，除在京卫所外，每年又分调京城附近之卫所轮番至京师操练，以防卫京师，称为班军。

⑬　膂力：膂，脊骨也。

⑭　以七十为率：率，准则也。

⑮　畿甸：京城附近，天子所直辖之地。

⑯　假如都金陵：黄宗羲有奠都金陵之议，见《建都》篇。

⑰　胜兵：指优越之兵士。

⑱　践更：犹今言番、次、回也。

⑲ 干谒：求请拜见也。

⑳ 帕首裤靴：裤，同裤。帕首即幞头，头巾之属，以布制成，有四角以盖头之军帽。《唐书·舆服志》："幞头起于后周，便武事者也。"裤靴即军服。按，黄宗羲此语出自韩愈《送郑尚书序》："大府帅或道过其府，府帅必戎服，左握刀，右属弓矢，帕首裤靴郊迎。"

㉑ 门状：即拜帖，凡拜见他人，上书自己之名衔，持之以为通报之用者。

㉒ 节制：指挥管辖也。

㉓ 三辅：西汉建都长安，所辖分京兆、左冯翊、右扶风三区，谓之三辅，在今陕西省中部地区。

㉔ 青、齐：即青州、齐州，皆在今山东省境内。

㉕ 栉比：栉，梳子。栉比，言如梳子之齿，多而整齐也，语出《诗经·周颂·良耜》："其比如栉。"

㉖ 晋作六军，其为将者皆六卿之选也：周朝军制，天子六军，诸侯大国三军，中国二军，小国一军，每军一万二千五百人。晋于春秋初期仅一军，其后各国因互相攻伐，皆扩编军队，晋国亦逐次扩编，于晋景公十二年（前588），成立六军，六军之主帅皆由卿担任。见《左传·成公三年》："十二月甲戌，晋作六军，韩厥、赵括、巩朔、韩穿、荀骓、赵旃皆为卿，赏鞍之功也。"

㉗ 总兵：明代于遣将出兵时，别设总兵官、副总兵官以统其众，为临时派遣任命性质，其后逐渐演变为镇守一方之军职。

㉘　督抚：即总督与巡抚，本皆为属于中央都察院之监察机构，其职掌，总督则或总督军务，或督办河工，或总管粮饷；巡抚则巡行地方，安抚军民。并无定制，亦无常员，其后逐渐演变成为方面之大臣。

㉙　经略：明代于用兵时所特置之官，无常员，职权在总督之上。

㉚　偏裨：即偏将、副将也。

㉛　与毅宗从死者：崇祯十七年（1644），李自成攻陷北京，明思宗自缢于煤山，朝臣殉死者颇众。

㉜　建义：能守节操而标举道义。

㉝　藉手：谓依靠凭借。

㉞　屠醢：醢，肉酱。屠醢，被杀害。

㉟　飙浮云起：飙，暴风也。飙浮云起谓乘时顺势而起。

㊱　易帜：改变旗号，反叛而降敌。

㊲　以利刃而齿腐杇：比喻事之快速容易。

㊳　彭越、黥布：皆西汉名将，辅佐汉高祖得天下，但最后都因谋叛而被诛。

㊴　汉王：即汉高祖刘邦，于称帝前受楚怀王封为汉王。

㊵　乌喙、藜芦：乌喙又称附子，植物名，草本，根、茎、叶皆有毒，供药用。藜芦，植物名，草本，有毒，可供药用。

㊶　愈病：愈，治也。

㊷　钤键：钤键即关键，用以闭锁物者。

㊸ 搴旗：搴，拔取也。

㊹ 弓必欲无灂：灂，水也。此言制弓者必先将木料晒干，使之无水，则制成之弓始不致变形。

㊺ 冶必欲援胡之称：援，戈之直刃部分。胡，戈之本曲而下垂部分。这是说冶制兵器者，必须使援与胡相配称。

㊻ 甲必欲上旅下旅札续之坚：旅通膂，脊骨也，上旅指腰以上部分，下旅指腰以下部分。这是说制战甲者必须使腰之上下部分能捆缚衔接坚牢不松脱。

㊼ 枢密：谓掌握国家的主要政务。按，唐、宋皆置枢密院，以枢密使领之。先是，于唐代宗永泰元年（765），初置枢密使，以宦者为之，职掌内外表奏。至僖宗、昭宗时，权任渐重。五代改用士人。虽废置不一，然皆出纳帝命，权侔宰相，间以宰相领其事。至宋，枢密院与中书省对持文武二柄，号称二府。

㊽ 阃帅州军：阃（kǔn），节制军事之专称。阃帅州军谓指挥督领各地方的军务。

㊾ 截然不相出入：截然，分明貌。出入谓互相往来。截然不相出入，意指彼此完全不相交通往来。

㊿ 犬牙交制：谓彼此交际之处，参差如犬牙之相错杂，引申为彼此互相牵制之意。语出《史记·文帝本纪》："高帝封王子弟地，犬牙相制。"

(51) 指顾簿书之间：指顾，手指而目顾，比喻动作之迅捷。簿书指公文。此言可以公文迅速调遣指挥。

㊼ 随之上下：言身不由己，为人所牵制。

㊽ 都督府：明代之最高军政机关，有左、右、中、前、后五军都督府。

㊾ 锦衣卫：明代皇帝之禁卫军，本掌侍卫仪仗，后专主巡察缉捕，监理诏狱，以勋戚领之，特异于诸卫。浸至末年，附势骄横，成为有明弊政之一。

㊿ 都司：明代各地方之最高军事指挥机构，原名都指挥使司，简称都司，隶属于都督府。由都指挥使主之，职位甚崇。

56 同知、佥事：明代各都指挥使司，于都指挥使之下，设有都指挥同知二人，都指挥佥事四人，为都指挥使之幕僚。

57 参政：即侍郎，为各部之副长官，以其能参决大政，故称为参政。

58 勇略冠军者：言其勇敢才略冠于一军。

59 沈希仪、万表、俞大猷、戚继光：皆明朝中叶的名将，对于平定寇乱，功绩卓著。尤以俞大猷、戚继光之荡平倭寇更属脍炙人口。

60 尚力：注重武力。

61 倾危之士：指险诈足以倾乱危亡人国者。语出《史记·苏秦张仪列传》，太史公曰："此两人（指苏秦、张仪）真倾危之士哉！"

62 掩败饰功：掩匿失败，增饰功绩。

第十一章　财政制度的改革
（《财计》一、二、三）

（一）说解

　　三代以前，政府向人民课税，所课征的是粮米布帛，民间交易买卖，也是以粮米布帛为媒介，金银只是用来作为装饰之用而已。三代以后，虽然已有钱币通行，但是直到唐朝，钱币还是与粮米布帛杂用，并没有以金银作为通货。到了北宋末年，才开始有人用金银贸易，然而政府仍是多方禁限，所以不论课税、交易，都是以钱币为主。元朝入主中原以后，以金银为主，钞票为辅，两者配合使用，金银就成为主要的通货。明朝初年，虽然曾经禁止用金银作为交易之资，准许人民用金银向政府换取钞票，但是却不被人民信服实行。因此到了最后，不管是政府向人民课税，或者是民间的交易买卖，都完全采用金银，终于形成天下的大弊害。这是由于对金银的需求量太大，金银供应不足，人民为了应缴纳赋税及买卖物品的需要，只好贱卖土地，农工产品也不得不降价求售，致使民生日益困苦。黄宗羲从历史上金银地位的由轻而重，探讨出民生劳瘁的缘由，所以在《财计一》这篇文章中，认为要使天下安和富足，必须要废行金银。他认为废行金银有下列七点好处：一是使用粮米布帛，则民间可以自行生产，人民生活较易富足。二是使用钱币作为交易之用，钱币容易铸造供应，不虞匮乏。三是大家不收藏金银，不致造成太富或太穷的人家。四是粮米布帛或钱币，不容易轻便携带，人民也就不致轻易离开家乡。五是官吏枉法贪赃，不容易掩藏。六是盗贼偷取粮钱，因体大量重，较易追查。七是钱币、钞票可以因而流通。

黄宗羲既然主张废行金银，然而金银废行以后，如以粮米布帛作为贸易之资，由于体大量重，并不便于行远，因此在《财计二》这篇文章中，认为应该印行钱币、钞票。但是明朝虽有意行钱法、钞法，却始终不能施行，其中关键，黄宗羲以为就钱法而言，原因有六：一是惜铜爱工，所铸之钱过于粗糙轻小，民间便于私铸。二是每每随物价的涨落，随意变改钱币的价值。三是铜禁不严格，往往被拿来制造各种器皿。四是钱币上面所铸的年号彼此不同。五是杂用金银，货币不统一。六是钱都用于赏赐，却不能拿来缴税。他认为如能针对上述六种原因加以更改，钱法必能施行。就钞法而言，宋、元时代，施行钞法，凡印行钞票，国家必定储备相等值的钱币，而且钱、钞可以互相流通。政府既有本钱，使用也很方便，所以能够顺利推行。明朝却只是印制钞票，却不讲求流通使用之法。他认为如能参考宋、元时代的做法，钞法依然可以行得通。

最后，黄宗羲在《财计三》中，更认为要使人民生活富足，只凭政府轻赋薄敛还不够，最重要的是要改革民间的不良习俗，避免百姓受到蛊惑，消除奢侈的风气，如此才能成功。就习俗而言，民间凡有婚丧喜庆，往往采用一些毫无意义的仪节器用，增加无谓的开销，而且彼此还以此相尚相勉。就蛊惑而言，由于民间奉行佛、巫，往往要花费很多的财力来事佛、事巫，结果佛、巫就分占了人民的产业。就奢侈而言，民间也往往耗费大量的金钱在听赏歌伎、喝酒享乐、观览奇技等方面上。所以黄宗羲认为对这三种妨碍民生的一切活动或场所，都应该完全加以禁绝，使老百姓都能努力从事农、工、商的本业，这才是为政的正道，也才能使民生乐利。

以上为黄宗羲在《财计》三篇文章中所提的论议。严格来说，并未能从根本的制度上，探讨其中的利弊得失，以提出应兴应革之道，所以意义并不很大。其中前两篇的论点是主张废金银而改用钱钞，他所述其中利弊虽然未必都可成立，但他的主张实在也是必然的趋势，所以他才会长篇大论，津津乐道。至于第三篇中，能针对社会的不良习尚提出针砭，则非常具有教化的意义。尤其是在此文最后，辟斥传统以农为本、工商为末的错误观念，认为农、工、商都是本，而一切妨碍民生的活动才是末的见解，确是相当难能可贵，而大有助于国家经济活动的全面推展，虽时至今日，还是很值得我们认取。

（二）原文

财计一

后之圣王而欲天下安富，其必废金银乎！

古之征贵征贱，以粟帛为俯仰。故公上赋税，有粟米之征，布缕之征是也。民间市易，《诗》言"握粟出卜"①，《孟子》言"通工易事，男粟女布"②是也。其时之金银，与珠玉无异，为馈问③器饰之用而已。三代以下，用者粟帛而衡之以钱，故钱与粟帛相为轻重。汉章帝时，谷帛价贵，张林言："此钱多故也，宜令天下悉以布帛为租，市贾④皆用之，封钱勿出，物皆贱矣。"魏明帝时，废钱用谷。桓玄辅晋，亦欲废钱，孔琳之曰："先王制无用之货以通有用之财，此钱之所以嗣功龟贝⑤也。谷帛本充衣食，分以为货，劳毁于商贩之手，耗弃于割截之用，此之为弊，著自曩昔⑥。"然则昔之有天下者，虽钱与谷帛杂用，犹不欲使其重在钱也。梁初唯京师及三吴、荆、郢、江、湘、梁、益⑦用钱，其余州郡杂以谷帛，交、广⑧之域全以金银为货。陈用钱，兼以锡铁粟帛，岭南⑨多以盐米布，交易不用钱。北齐冀州⑩之北，钱皆不行，交贸者皆绢布。后周河西⑪诸郡或用西域金银钱，而官不禁。唐时民间用布帛处多，用钱处少。大历以前，岭南用钱之外，杂以金银、丹砂、象齿。贞元二十年，命市井交易，以绫罗绢布杂货与钱兼用。宪宗诏天下有银之山必有铜，唯银无益于人，五岭以北，采银一两者流他州⑫，官吏论罪。元和六年，贸易钱十缗以上参布帛。太和三年，饰佛像许以金银，唯不得用铜。四年，交易百缗以上者，粟帛居半。按，唐以前，自交、广外，上而赋税，下而市易，一切无事于金银，其可考彰彰⑬若是。

宋元丰十二年，蔡京当国，凡以金银丝帛等贸易勿受，夹锡钱者以法惩治。盖其时有以金银为用者矣！然重和⑭之令，命官之家，留见钱⑮二万贯，民庶半之，余限二年听易金银之类。则是市易之在下者，未始不以钱为重也。绍兴以来，岁额金一百二十八两，银无额，七分入内库⑯，三分归有司。则是租赋之在上者，亦未始以金银为正供⑰，为有司之经费也。及元起北方，钱法不行，于是以金银为母，钞为子，子母相权而行⑱，而金银遂为流通之货矣。

明初亦尝禁金银交易，而许以金银易钞于官，则是罔民⑲而收其利也，其谁信之？故至今日而赋税市易，银乃单行，以为天下之大害。盖银与钞为表里，银之力绌，钞以舒之，故元之税粮，折钞而不折银。今钞既不行，钱仅为小市之用，不入贡赋，使百务并于一途，则银力竭。元又立提举司⑳，置淘金户，开设金银场，各路听民煽炼，则金银之出于民间者尚多。今矿所封闭，间一开采，又使宫奴㉑主之，以入大内㉒，与民间无与，则银力竭。二百余年，天下金银，纲运㉓至于燕京，如水赴壑。承平之时，犹有商贾官吏返其十分之二三。多故以来，在燕京者既尽泄之边外，而富商大贾，达官猾吏，自北而南，又能以其资力尽敛天下之金银而去，此其理尚有往而复返者乎！

夫银力已竭，而赋税如故也，市易如故也，皇皇㉔求银，将于何所？故田土之价，不当异时之什一，岂其壤瘠与？曰：否，不能为赋税也。百货之价，亦不当异时之什一，岂其物阜与？曰：否，市易无资也。当今之世，宛转汤火㉕之民，即时和年丰，无益也；即劝农沛泽，无益也。吾以为非废金银不可。废金银，其利有七：粟帛之属，小民力能自致，则家易足，一也。铸钱以通有无，铸者不息，货无匮竭，二也。不藏金银，无甚贫甚富之家，三也。轻赍㉖不便，民难去其乡，四也。官吏赃私难覆㉗，五也。盗贼肤箧㉘，负重易迹，六也。钱钞路通，七也。然须重为之禁，盗矿者死刑，金银市易者以盗铸钱论而后可。

财计二

钱币所以为利也，唯无一时之利，而后有久远之利。以三四钱之费得十钱之息，以尺寸之楮㉙当金银之用，此一时之利也。使封域之内，常有千万财用流转无穷，此久远之利也。后之治天下者，常顾此而失彼，所以阻坏其始议也。

有明欲行钱法而不能行者，一曰惜铜爱工，钱既恶薄，私铸繁兴。二曰折二折三㉚，当五当十㉛，制度不常。三曰铜禁不严，分造器皿。四曰年号异文。此四害者，昔之所同。五曰行用金银，货不归一。六曰赏赉㉜、赋税，上行于下，下不行于上。昔之害钱者四，今之害钱者六。故今日之钱，不过资小小贸易，公私之利源皆无赖焉，是行钱与不行等也。诚废金银，使货物之衡尽归于钱。京省各设专官鼓铸，有铜之山，官为开采。民间之器皿，寺观之像设，悉行烧毁入局。千钱以重六斤㉝四两为率，每钱重一钱。制作精工，样式画一，亦不必冠以年号。除田土赋粟帛外，凡盐酒征榷㉞，一切以钱为税。如此而患不行，吾不信也。

有明欲行钞法而不能行者，崇祯间，桐城诸生蒋臣，言钞法可行，岁造（钞）三千万贯，一贯直一金，岁可得金三千万两。户部侍郎王鳌永主其说，且言初年造五千万贯，可得五千万两，所入既多，将金与土同价。上特设内宝钞局，昼夜督造，募商发卖，无肯应者。大学士蒋德璟言以一金易一纸，愚者不为。上以高皇帝之行钞难之。德璟曰："高皇帝似亦神道设教，然赏赐折俸㉟而已，固不曾用之兵饷也。"按，钞起于唐之飞钱㊱，犹今民间之会票㊲也，至宋而始官制行之㊳。然宋之所以得行者，每造一界㊴，备本钱三十六万缗，而又佐之以盐酒等项。盖民间欲得钞，则以钱入库；欲得钱，则以钞入库；欲得盐酒，则以钞入诸务㊵；故钞之在手，与见钱无异。其必限之以界者，一则官之本钱当使与所造之钞相准，非界则增造无艺㊶。一则每界造钞若干，下界收钞若干，诈伪易辨，非界则收造无数。宋之称提^㊷钞法如此。即元之所以得行者，随路设立官库，贸易金银，平准钞法^㊸。有明宝钞库不过倒收旧钞，凡称提之法俱置不讲，何怪乎其终不行也。毅宗言利之臣，不详其行坏之始末，徒见尺楮张纸居然可当金银，但讲造之之法，不讲行之之法。官无本钱，民何以信？故其时言可行者，犹见弹而求炙也^㊹。然诚使停积钱缗，五年为界，敛旧钞而焚之。官民使用，在关即以之抵商税，在场即以之易盐引^㊺，亦何患其不行。且诚废金银，则谷帛钱缗，不便行远，而囊括尺寸之钞，随地可以变易，在仕宦商贾又不得不行。德璟不言钞与钱货不可相离，而言神道设教，非兵饷之用。彼行之于宋、元者，何不深考乎！

财计三

治天下者既轻其赋敛矣，而民间之习俗未去，蛊惑不除，奢侈不革，则民仍不可使富也。

何谓习俗？吉凶之礼既亡，则以其相沿者为礼。婚之筐篚也^㊻，装资也^㊼，宴会也；丧之含殓也^㊽，设祭也，佛事也，宴会也，刍灵也^㊾。富者以之相高，贫者以之相勉矣。

何谓蛊惑？佛也，巫也。佛一耳，而有佛之宫室，佛之衣食，佛之役使，凡佛之资生器用无不备，佛遂中分其民之作业矣。巫一耳，而资于楮钱^㊿香烛以为巫，资于烹宰以为巫，资于歌吹婆娑^㉛以为巫，凡斋醮祈赛^㉜之用无不备，巫遂中分其民之资产矣。

何谓奢侈？其甚者，倡优也，酒肆也，机坊也^㉝。倡优之费，一夕而中人之产；酒肆之费，一顿而终年之食；机坊之费，一衣而十夫之暖。

故治之以本，使小民吉凶一循于礼。投巫驱佛，吾所谓学校之教明而后可也。治之以末，倡优有禁，酒食有禁，除布帛外皆有禁。今夫通都之市肆，十室而九，有为佛而货者，有为巫而货者，有为倡优而货者，有为奇技淫巧而货者，皆不切于民用。一概痛绝之，亦庶乎救弊之一端也。此古圣王崇本抑末之道。世儒不察，以工商为末，妄议抑之。夫工固圣王之所欲来，商又使其愿出于途者，盖皆本也。

【注释】

① 握粟出卜：语见《诗经·小雅·小宛》，言持粟米为资，出门以卜问吉凶。

② 通工易事，男粟女布：语见《孟子·滕文公下》，原文作"子不通功易事，以羡补不足，则农有余粟，女有余布"。功同工，意谓如不能分工互助，交易其生产所得，以多余补不足，则农人生产之粟、女人生产之布，将愈积愈多而愈无用。

③ 馈问：馈赠问遗，赠送也。

④ 市贾：买卖交易。

⑤ 嗣功龟贝：古以龟、贝作为货币之用，后世改用钱，故钱承继了龟贝之功用。

⑥　曩昔：曩，昔也。

⑦　三吴、荆、郢、江、湘、梁、益：三吴，苏州东吴、润州中吴、湖州西吴也，前二者在今江苏省境内，湖州在今浙江省内。荆州，明朝时治在今湖南省岳阳市。郢州，治在今湖北省武汉市武昌区。江州，治在今江西省九江市。湘州，治在今湖南省长沙市。梁州，在今四川、陕西省境内。益州，在今四川省境内。

⑧　交、广：交州，在今广西、广东境内。广州，在今广东省境内。

⑨　岭南：五岭之南，包括今广东、广西两地区及越南之地。

⑩　冀州：在今河北、天津境内。

⑪　河西：黄河以西，包括今陕西、甘肃两省及内蒙古、宁夏部分之地。

⑫　流他州：流放到其他州县。

⑬　彰彰：明白也。

⑭　重和：宋徽宗年号。

⑮　见钱：见同现，见钱即现钱。

⑯　内库：内廷之库。

⑰　正供：指人民向政府在正常情形下所缴纳之田赋。

⑱　相权而行：言互相变通替代而使用。

⑲　罔民：诬害人民。

⑳　提举司：官名，主管特种事务。

㉑　宫奴：指宦官，参见第四章"宰相的设置"，注⑧。

㉒　大内：京师藏聚财货之府库。

㉓　纲运：转运大宗货物，分批启行，每批计其车辆船只，编定字号，名为一纲，谓之纲运。

㉔　皇皇：字又作惶惶，匆遽的样子。语出《楚辞·九叹·怨思》："征夫皇皇，其孰依兮。"

㉕　宛转汤火：汤火皆热，用以比喻民生之困苦。宛转汤火谓人民辗转呻吟于水深火热中。

㉖　赍：携带也。

㉗　赃私难覆：赃，不法所得之财物。意谓如有徇私贪赃，则难以掩藏也。

㉘　胠箧：胠，开启也。胠箧谓偷开箱箧。

㉙　楮：纸也。

㉚　折二折三：折，抵也。折二折三谓将原有之钱抵作二倍、三倍使用，则政府可以不必另铸新钱，而且尚可从中赚取差额。

㉛　当五当十：当，抵也，与折同义。故当五当十又称折五折十。其作用与折二折三同。

㉜　赏赉：赉，赐也。赏赉犹言赏赐。

㉝　斤：斤两之斤。

㉞　征榷：征，赋税也。榷，公卖也。征榷为通过公卖方式向人民征税，属间接税之一种。

㉟　折俸：此谓将应给官员之俸禄折合纸币给之。

㊱　飞钱：犹今之汇票，《唐书·食货志》："贞元初，禁钱

出骆谷、散关。张滂奏禁江、淮铸铜为器。时商贾至京师，委钱诸道，进奏院及诸军诸使，以轻装趋四方，合券乃取之，号飞钱。"为我国汇兑制度之滥觞。

㊲　会票：性质犹今日之汇票或证券，又称会子。北宋末年，始行于两浙民间，以供交易买卖，后遂成为纸币之一种。

㊳　至宋而始官制行之：会子本行于民间，而南宋高宗绍兴三十年（1160），始命户部侍郎钱端礼造会子，初只行于两浙，后通行至两淮、湖、广各地。见《宋史·食货志下》。

㊴　每造一界：界犹限也，南宋时造会子，以三年为一界，其兑界亦三年。

㊵　以钞入诸务：务为收税之处，宋时有榷货务、市易务。

㊶　增造无艺：艺有标准法制之意。增造无艺谓增造漫无限制。

㊷　称提：犹言收回也。

㊸　平准钞法：均平钞币之流通数量，使其不致因量多而贱，量少而贵。

㊹　见弹而求炙也：弹，以弓发丸以擒杀野兽。炙，烧肉。见弹求炙，比喻希望过急。

㊺　盐引：盐商行盐之执照。

㊻　筐筥：筐、筥皆以竹编制而成之盛物器具，此指行婚礼时所备办之玉帛。

㊼　装资：女子出嫁所备办之资财，犹今言嫁妆。

㊽ 含殓：古时死者于入殓时，常于口中置放珠玉等物，谓之含殓。

㊾ 刍灵：束茅为人马，用以殉葬，谓之刍灵。《礼记·檀弓》：“涂车刍灵，自古有之。”郑玄注：“刍灵，束茅为人马，谓之灵者，神之类。”

㊿ 楮钱：即冥纸，祭祀时用之。

(51) 婆娑：舞也。

(52) 斋醮祈赛：斋，斋戒。醮，僧道设坛祈祷。祈，祭祀以向鬼神求福。赛，向鬼神祈福之后，祭祀以为酬谢。

(53) 机坊也：机，巧也。机坊为表演特殊技巧之场所。

第十二章　僚属佐吏的改革（《胥吏》）

（一）说解

　　各级政府机关，除了少数决定政策的高级官员为政务官以外，还有许多承办各种业务的事务官，由于这些事务官推动业务，政策才得以推行。这些事务官即为各级行政主管的僚属佐吏，其所承办的业务大抵可分为两种不同的性质：一为掌理公文，召集会议；一为提供劳力，奔走联系。前者由于需要具备专业知识，所以都是长期任职；后者由于只是跑腿性质，所以古来都是抽调民力，暂时担任。但是自从宋朝王安石为免除民间的烦扰，改采由人民筹钱、政府代雇人手的雇役法以后，后者在政府机关也是长期供职。这两类人因为长期在政府机关中任职，久而久之，便逐渐形成一种势力，往往假借职权，对人民作威作福，造成不少的弊害。

僚属佐吏所造成的弊害，黄宗羲认为有四点：一为玩法弄权，争逐利益。二为水平不高而又长期据位，妨害读书人的出路。三为这些人都是由吏部铨选分派，各级行政主管既不能选用人才，而对这些人的才德也欠缺了解，彼此难以协调合作。四为不仅本身长期据位，甚至父子兄弟相传承，变成由家族世代把持，形成一股特殊势力。

　　为使弊绝而风清，黄宗羲乃提出改革之道：对于第一类的僚属佐吏，他认为应当选任读书人来担任。中央机构的僚属佐吏，由进士、公卿子弟、太学生出任，期满经过考核，负责尽职者则升迁其官职，否则即免除其职务。地方政府的僚属佐吏，由弟子员出任，期满经过考核，负责尽职者则保送太学进修，或升迁至中央机关任职，否则即永远不准其出任官职。对于第二类的僚属佐吏，他认为只要废除雇役法，恢复古来征调民力方式的差役法就可以了。因为恢复差役法以后，人手都来自民间，由人民轮流担任，彼此不至于互相刁难。而且既然都是来自民间，并无官民之分，彼此地位相等，不会对值役者有所顾忌。此外，又因为暂时服役，不可能由于长期据位而玩法弄奸。

　　以上是《胥吏》篇中的大意。俗语说："不怕官，只怕管。"由此不难想见承办业务人员在大家心目中印象之恶劣，以及所造成的弊害之深巨。然就这些僚属佐吏的立场而言，水平既有限，升迁更无望，实在也有他们的苦闷。所以黄宗羲所提对第一类的人，应改由士人担任，实属法良意美，因为一方面可以提高素质，另一方面只要认真办事就有升迁的希望，对于他们确是一种最大的鼓励。至于对第二类的人，主张恢复差役法，恐怕还有待商榷，固然差役法有其优点，但年年轮值者都是生手，对于业务的推行很可能造成不便。雇役法既能避免对民间的烦扰，如能辅以适当的赏罚措施，应该还是值得继续实行的。

（二）原文

古之胥吏者一，今之胥吏者二。古者府史胥徒，所以守簿书，定期会者也；其奔走服役，则以乡户充之。自王安石改差役为雇役[①]，而奔走服役者亦化而为胥吏矣。故欲除奔走服役吏胥之害，则复差役；欲除簿书期会吏胥之害，则用士人。

何谓复差役？宋时差役，有衙前、散从、承符、弓手、手力、耆长、户长、壮丁色目[②]。衙前以主官物，今库子、解户之类；户长以督赋税，今坊里长；耆长、弓手、壮丁以逐捕盗贼，今弓兵、捕盗之类；承符、手力、散从以供驱使，今皂隶、快手、承差之类。凡今库子、解户、坊里长皆为差役，弓兵、捕盗、皂隶、快手、承差则雇役也。余意坊里长值年之后，次年仍出一人以供杂役。盖吏胥之敢于为害者，其故有三：其一，恃官司之力，乡民不敢致难。差役者，则知我之今岁致难于彼者，不能保彼之来岁不致难于我也。其二，一为官府之人，一为田野之人，既非

162

同类，自不相顾。差役者，则侪辈尔汝，无所畏忌。其三，久在官府，则根株窟穴，牢不可破③。差役者，伎俩生疏，不敢弄法。是故坊里长同勾当④于官府，而乡长之于坊里长不以为甚害者，则差与雇之分也。治天下者亦视其势，势可以为恶，虽禁之而有所不止；势不可以为恶，其止之有不待禁也。差役者，固势之不可以为恶者也。议者曰："自安石变法，终宋之世，欲复之而不能，岂非以人不安于差役与？"曰："差役之害，唯有衙前，故安石以雇募救之。今库子、解户且不能不仍于差役，而其无害者顾反不可复乎？宋人欲复差役，以募钱为害。吾谓募钱之害小，而胥吏之害大也。"

何谓用士人？六部院寺⑤之吏，请以进士之观政者为之，次及任子，次及国学之应仕者。满调⑥则出官州县，或历部院属官，不能者落职。郡县之吏，各设六曹，请以弟子员之当廪食者充之。满调则升之国学，或即补六部院寺之吏，不能者终身不听出仕。郡之经历、照磨、知事⑦，县之丞、簿、典史⑧，悉行汰去。行省之法，一如郡县。盖吏胥之害天下，不可枚举，而大要有四：其一，今之吏胥，以徒隶为之，所谓皇皇⑨求利者。而当可以为利之处，则亦何所不至。创为文网⑩以济其私，凡今所设施之科条，皆出于吏。是以天下有吏之法，无朝廷之法。其二，天下之吏，既为无赖子所据，而佐贰又为吏之出身，士人目为异途⑪，羞与为伍。承平之世，士人众多，出仕之途既狭，遂使有才者老死丘壑。非如孔、孟之时，委吏、乘田、抱关、击柝⑫之皆士人也。

其三，各衙门之佐贰，不自其长辟召，一一铨之吏部，即其名姓且不能遍，况其人之贤不肖乎！故铨部化为签部，贻笑千古。其四，京师权要之吏，顶首⑬皆数十金，父传之子，兄传之弟，其一人丽于法⑭而后继一人焉，则其子若弟⑮也，不然，则其传衣钵⑯者也。是以今天下无封建之国，有封建之吏。诚使吏胥皆用士人，则一切反是，而害可除矣。且今各衙门之首领官与郡县之佐贰，在汉则为曹掾⑰之属，其长皆得自辟，即古之吏胥也。其后选除⑱出自吏部，其长复自设曹掾以为吏胥。相沿至今，曹掾之名既去，而吏胥之实亦亡矣。故今之吏胥，乃曹掾之重出者也。吾之法，亦使曹掾得其实，吏胥去其重而已。

【注释】

① 王安石改差役为雇役：五代以来，以衙前主官物之供给或运输；以里正、户长、乡书手课督赋税，负偿逋之责；以耆老、弓手、壮丁逐捕盗贼；以承符、人力、手力、散从给官使奔走；以至一切杂役，皆以乡户等第差充，是为差役。王安石实行新法，为免除民间苦扰，于宋神宗熙宁三年（1070），改行免役法，凡当役者，依役之轻重，民之贫富，分别等第，出钱入官，雇役自代，己身即得免役，其所出钱名免役钱。另单丁女户原无役者，亦概输钱，谓之助役。以出钱雇人代役，故又称雇役法。

② 色目：谓各种名目也。

③ 根株窟穴，牢不可破：比喻根基稳固，无法破除。

④ 勾当：处理事情也。《通俗编·行事》云："勾当乃干事之谓，今直以事为勾当。"后世以勾当指鬼祟不光明之事，唯在本文不作此解。

⑤ 六部院寺：此皆中央政府机构。六部为吏部、户部、礼部、兵部、刑部、工部。院为三院，即枢密院、宣徽院、翰林学士院。寺有九寺，即太常寺、光禄寺、卫尉寺、宗正寺、太仆寺、大理寺、鸿胪寺、司农寺、大府寺。

⑥ 满调：谓任职期满而调官。

⑦ 经历、照磨、知事：三者皆官名，经历掌管出纳文移，照磨掌管核对文卷，知事掌管各专属事务。

⑧ 丞、簿、典史：丞，县丞，为一县之副长官。簿，主簿，与县丞分掌粮马巡捕之事。典史，掌管文移出纳。

⑨ 皇皇：见第十一章"财政制度的改革"，注㉔。

⑩ 文网：又作文罔，即法网也。语出《史记·游侠列传》："扞当世之文罔。"《索隐》："违扞当代之法网，谓犯于法禁也。"

⑪ 异途：言非正常出身之道。

⑫ 委吏、乘田、抱关、击柝：委吏，主管委积仓廪之吏，《孟子·万章》："孔子尝为委吏矣。"乘田，春秋时代鲁国主管田土之小吏，《孟子·万章》："孔子尝为乘田矣。"朱注："主苑囿刍牧之吏也。"抱关，守关门之小吏；击柝，行夜所击之木；击柝为警夜报时之小吏。《孟子·万章》："辞尊居卑，辞富居贫，恶乎

宜乎？抱关击柝。"

⑬　顶首：谓将名额顶让给别人。

⑭　丽于法：丽，附着，陷入也。丽于法即犯法。

⑮　其子若弟：若，及、与也。

⑯　传衣钵：衣为袈裟，钵为食具，佛家以衣钵为师弟相传之法器。此传衣钵，谓将其职务传给其徒。

⑰　曹掾：职官治事分科谓之曹。掾，属官之通称。

⑱　选除：拜官曰除，选除即选任也。

第十三章　宦官问题的解决（《奄宦》上、下）

（一）说解

我国历史上有许多朝代曾发生过宦官弄权的祸害，但论其程度的深重，要以明代为最甚。其根本的原因，在于汉、唐、宋等这些朝代，虽然也有宦官为祸的情形，但都是由于人主昏庸，使宦官有机可乘，以干预朝廷的行政，可明朝却是因为废置宰相。制度有了偏差，使得原本应该掌握在宰相手中的大权，旁落至宦官身上。于是所有朝廷的一切行政便只有奉行宦官的旨意，举凡财政、司法等国家大权，都被宦官所窃取。尽管有英明的君王，对此情形感到不满，却也无可奈何，甚至于连自己最后都要为宦官所摆布。宦官所造成弊害之严重，可以说是旷古未有。

宦官之所以能够窃弄国家的大权，当然是由于废相不置，但其主要的症结，黄宗羲认为还是在于专制。因为专制君王多志在恣睢，宦官可以其奴婢的身份，对君王百般奉承，并对以师友身份自居的朝廷官员百般打击。到最后不明事理的专制君王当然是宠信宦官，厌弃朝士。而一些没有操守的朝士眼看君王态度如此，为贪图利禄，也不再坚持自己的师友身份，随着宦官奴颜婢膝起来。更糟糕的是，一些见识鄙陋的儒生，也认为这就是侍奉君王的当然道理。举国上下，以非为是，结果不论政事或风俗都完全败坏，不可收拾。

之所以会有宦官，仍然是由于专制。因为专制君王穷奢极欲，把天下当成娱乐之具，广置后宫，后妃成群，于是便不得不招揽成千上万的宦官来服侍这些后妃。这些成千上万的宦官，生理既有缺陷，心理亦容易产生偏差，以致大多不顾礼义，个性凶残。类似此种情形，即使一时不产生祸乱，也是情势险危，随时有酿成大灾难的可能。

后世君王广置后宫，除了要满足私欲以外，还有一个原因，就是唯恐子嗣不广，不能把天下传给后代子孙，其实这是"家天下"的私心在作祟。所以黄宗羲以为要解决宦官问题，首先要破除这种流俗富翁的鄙陋见识，然后进一步地裁汰后宫，当君王的只要保留自己、母后、皇后三宫就可以了。如此一来，所需服役的宦官只有几十个人就足够了，自然也就不会因人多势众而造成无穷的祸害。

以上为黄宗羲在《奄宦》上、下两篇中的论点。在君主政权时代，宦官问题的确是个严重而又影响广大的问题，不仅对于宦官个人不人道，而且有时造成的流毒更是令人发指。黄宗羲能面对此种问题而求其解决改革之道，对于政教风俗的深思远虑，实不能不令人感佩。唯他所提出裁减宦官人数的主张，到底还是属于治标的方法，因为宦官人数再少，只要得到专制君主的宠幸，依然可以玩法弄权，贻害生灵。所以，根本解决之道还是要彻底废除专制政权。只要没有专制政权，也就不必豢养宦官，随着宦官而来的种种流弊自然可以消弭于无形。

（二）原文

奄宦上

奄宦之祸，历汉、唐、宋而相寻无已[①]，然未有若有明之为烈[②]也。汉、唐、宋有干与朝政之奄宦，无奉行奄宦之朝政。今夫宰相六部，朝政所自出也，而本章之批答，先有口传，后有票拟[③]。天下之财赋，先内库而后太仓[④]。天下之刑狱，先东厂而后法司[⑤]。其它无不皆然。则是宰相六部，为奄宦奉行之员而已。人主以天下为家，故以府库之有为己有，环卫之强为己强者，尚然末王之事。今也衣服、饮食、马匹、甲仗、礼乐、货贿、造作，无不取办于禁城[⑥]数里之内。而外廷所设之衙门，所供之财赋，亦遂视之为非其有，晓晓[⑦]而争。使人主之天下不过此禁城数里之内者，皆奄宦为之也。汉、唐、宋之奄宦，乘人主之昏而后可以得志；有明则格局已定，牵挽相维⑧。以毅宗之哲王，始而疑之，终不能舍之，卒之临死而不能与廷臣一见，其祸未有若是之烈也。

　　且夫人主之有奄宦，奴婢也；其有廷臣，师友也。所求乎奴婢者使令，所求乎师友者道德。故奴婢以伺喜怒为贤，师友而喜怒其喜怒⑨，则为容悦⑩矣；师友以规过失为贤，奴婢而过失其过失⑪，则为悖逆矣。自夫奄人以为内臣，士大夫以为外臣，奄人既以奴婢之道事其主，其主之妄喜妄怒，外臣从而违之者，奄人曰："夫非尽人之臣与？奈之何其不敬也！"人主亦即以奴婢之道为人臣之道。以其喜怒加之于奄人而受，加之于士大夫而不受，则曰："夫非尽人之臣与？奈之何有敬有不敬也！盖内臣爱我者也，外臣自爱者也。"于是天下之为人臣者，见夫上之所贤所否者在是，亦遂舍其师友之道而相趋于奴颜婢膝⑫之一途。习之既久，小儒不通大义，又从而附会之曰："君，父天也。"故有明奏疏，吾见其是非甚明也，而不敢明言其是非。或举其小过而遗其大恶，或勉以近事而阙于古，则以为事君之道当然。岂知一世之人心学术为奴婢之归者，皆奄宦为之也。祸不若是其烈与！

奄宦下

　　奄宦之如毒药猛兽，数千年以来，人尽知之矣，乃卒遭其裂肝碎首⑬者，曷故哉？岂无法以制之与？则由于人主之多欲也。

夫人主受命于天，原非得已，故许由、务光[14]之流，实见其以天下为桎梏[15]而掉臂去之。岂料后世之君，视天下为娱乐之具，崇其宫室，不得不以女谒[16]充之。盛其女谒，不得不以奄寺[17]守之。此相因之势也。

其在后世之君，亦何足责！而郑玄之注《周礼》[18]也，乃谓女御八十一人当九夕，世妇二十七人当三夕，九嫔九人当一夕，三夫人当一夕，后当一夕，其视古之贤王与后世无异，则是《周礼》为诲淫[19]之书也。孟子言："侍妾数百人，我得志弗为也。"是时齐、梁、秦、楚之君，共为奢僭，东、西二周且无此事。若使为周公遗训，则孟子亦安为固然；"得志弗为"，则是以周公为舛错矣。苟如玄之为言，王之妃百二十人，妃之下又有侍从，则奄之守卫服役者势当数千人。后儒以寺人隶于冢宰[20]，谓《周官》深得治奄之法。

夫刑余之人，不顾礼义，凶暴是闻。天下聚凶暴满万，而区区[21]以系属冢宰，纳之钤键[22]，有是理乎？且古今不贵其能治，而贵其能不乱。奄人之众多，即未及乱，亦厝火积薪之下[23]也。

吾意为人主者，自三宫[24]以外，一切当罢。如是，则奄之给使令者，不过数十人而足矣。议者窃忧其嗣育之不广。夫天下何常之有？吾不能治天下，尚欲避之，况于子孙乎！彼鳃鳃[25]然唯恐后之有天下者不出于其子孙，是乃流俗富翁之见。故尧、舜有子，尚不传之；宋徽宗未尝不多子，止以供金人之屠醢[26]耳！

【注释】

① 相寻无已：寻，有频繁之意，相寻无已，意即相继不断。

② 烈：本指火猛，此谓程度之严重。

③ 批答、票拟：见第四章"宰相的设置"，注⑪⑫。

④ 先内库而后太仓：内库又称内府，为掌管内廷之府库，凡天子及宫廷之财产皆归其管理。太仓为设于京城，积藏粮米之仓库。

⑤ 先东厂而后法司：东厂，明代由宦官所统领之侦缉机构。初，明成祖为燕王时，为刺探宫中之事，多以建文帝左右为耳目，故即位后，专倚宦官，于北京东安门之北设立东厂，令嬖昵者提督之，以缉访谋逆妖言大奸恶等，与锦衣卫权势相等。明宪宗时，又别设西厂刺事，所领缇骑倍于东厂，自京师及天下，采访侦缉，虽王府不免，冤死者相属。寻罢西厂，明武宗即位，又复之。时刘瑾用事，东、西厂并植私人，刘瑾又立内行厂自领之，虽东、西厂皆在伺察之中，加酷烈焉。刘瑾伏诛，西厂、内行厂俱撤，独东厂如故。法司，国家职司法律之机构。

⑥ 禁城：又称禁中、禁省，为天子所居之地。以门禁森严，故云禁城。

⑦ 哓哓：哓，恐惧也。语出《诗经·豳风·鸱鸮》："予维音哓哓。"《毛传》："哓哓，惧也。"《郑笺》："音哓哓然，恐惧告诉之意。"

172

⑧　牵挽相维：勉强牵连维持。

⑨　喜怒其喜怒：上一喜怒作动词用。意谓随他人之喜怒而喜怒，不能自由表达自己之感情。

⑩　容悦：谓以谄媚阿谀之方式以讨好对方。语出《孟子·尽心上》："有事君人者，事是君，则为容悦者也。"朱熹注："阿徇以为容，逢迎以为悦，此鄙夫之事，妾妇之道也。"

⑪　过失其过失：上一过失作动词用。意谓指正对方之过失。

⑫　奴颜婢膝：行动卑屈以求媚。

⑬　裂肝碎首：残害。

⑭　许由、务光：见第一章"设置君王的本意"，注①。

⑮　桎梏：见第三章"设立法制的本意"，注⑪。

⑯　女谒：本谓宫女弄权而多所请托，此指宫女。

⑰　奄寺：即宦官，宦官古称奄人或寺人。以宦官有精气闭藏，故称奄人。寺同侍，宦官职在侍御，故又称寺人。

⑱　郑玄之注《周礼》：郑玄，东汉大儒，有《周礼注》。以下黄宗羲之文见《周礼·冢宰·治官》之职郑玄注。

⑲　诲淫：诲有教晓之意，诲淫谓教人为淫邪之事也。

⑳　冢宰：又称大宰，周官名，为百官之长。《周礼·天官》："乃立天官冢宰，使帅其属而掌邦治。"郑玄注："百官总焉，则谓之冢；列职于王，则称大；冢，大之上也。"可见冢与大同义。

㉑　区区：小也。

㉒　钤键：见第十章"军事制度的改革"，注㊷。

㉓ 厝火积薪之下：厝同措，置也。厝火积薪之下，比喻形势危险。

㉔ 三宫：谓天子、太后、皇后所居之宫。

㉕ 鳃鳃：见第三章"设立法制的本意"，注⑥。

㉖ 屠醢：见第十章"军事制度的改革"，注㉞。

附录一 黄宗羲的生平

黄宗羲，字太冲，号南雷，又号梨洲，学者因此称他为"南雷先生"，或称为"梨洲先生"。浙江省绍兴府余姚县通德乡黄竹浦人。生于明神宗万历三十八年（1610），卒于清圣祖康熙三十四年（1695），享年八十六岁。死后，门人私谥为"文孝"。

一、家世

黄宗羲的父亲黄尊素，字真长，号白安。万历四十四年（1616）进士。为人忠贞正直。天启年间，官御史，见宦官魏忠贤弄权祸国，乃连续三次上疏弹劾魏忠贤，为魏忠贤所嫉恨，而设计构陷，终于被害死在诏狱中。崇祯初年，赠太仆卿。福王时，追谥"忠端"。

黄尊素为东林党领袖之一，与杨涟、左光斗、魏大中等人志同道合，交往密切，见国事日非，经常相聚评论朝政，黄宗羲随侍在侧，因此对时局的清浊有深切的了解。当黄尊素被捕时，曾勉励黄宗羲要究心史事，并命他拜大儒刘宗周为师，黄宗羲后来能成为有名的学者，这是一个关键。由此可见，黄宗羲志节学问的养成，实深有得于他父亲的启示教导。

黄宗羲的母亲姚氏，知书达理，明辨是非。当黄尊素被拘禁于狱中时，她每晚向北斗星祈拜，并上书朝廷，请求代死。黄尊素遇害，她悲伤痛哭，以致晕厥。黄宗羲劝她节哀，她即时对宗羲晓以大义，勉励他一定要报杀父之仇。崇祯即位后，诰封为夫人。

黄宗羲兄弟五人，他年最长，下有弟弟宗炎、宗会、宗辕、宗彝。其中宗炎、宗会都有异才，黄宗羲亲加教导，皆成有名学者。当时的学术界因此称他们兄弟三人为"东渐三黄"（浙江古名渐水）。

黄宗羲十六岁时娶同乡广西按察使叶宪祖之女为妻，后受封为淑人。生子三人，依次为黄百药、黄正谊、黄百家，女儿三人。

二、少年时期（读书报父仇时期）

据说黄宗羲出生时，他的母亲曾梦见麒麟，所以乳名为麟。他的相貌与常人不同，略有口吃的毛病。八岁时，他的父亲任宁国府推官，他随着到任所。一直到十三岁，他才回余姚应绍兴童子试。十四岁时，他补仁和博士弟子员。同年秋天，他又随父亲到京城，在京邸中，喜好阅览经籍，却不墨守章句。父亲督促他学习举业，他在功课之余，私下购买小说来看。他的父亲知道了以后，并不禁止，认为如此可以启发他的智慧。

天启五年（1625）三月，父亲黄尊素因弹劾魏忠贤，被罢官而回到故乡，黄宗羲时年十六。这年十二月，黄宗羲与同乡广西按察使叶宪祖的女儿结婚。叶氏大他一岁，非常贤慧，能孝侍公婆，他深感安慰。第二年三月，黄尊素与高攀龙、周顺昌、缪昌期、周宗达、李应昇、周起元等人，先后被捕。黄宗羲送父亲至郡城，当时一代大儒刘宗周也来送行，黄尊素即命宗羲从刘宗周求学。闰六月，黄尊素受酷刑冤死于诏狱中。祖父黄日中乃在他经常出入的地方，写下"尔忘勾践杀尔父乎"八个大字于墙壁上，激励他为父报仇，母亲姚氏也以此劝勉。黄宗羲于父亲死后，侍奉祖父及母亲，能尽孝道。每每读书到了半夜，想到父亲的冤屈，他伤心地伏在枕头上低声悲泣，唯恐惊扰祖父及母亲，而引发他们的哀痛。

崇祯元年（1628），黄宗羲年十九，在袖中暗藏铁锥，草拟了一份奏疏，赴京城准备为父讼冤。当时魏忠贤已伏罪受诛，朝廷也下令褒扬抚恤受宦官迫害而死的忠贞之士及家人。黄宗羲乃一面向朝廷谢恩，一面上疏奏请诛杀受魏忠贤指使、陷害忠良的宦官同党曹钦程、李实、许显纯、崔应元等人。朝廷下令交刑部审讯。五月，会审宦官同党，在公堂对簿时，黄宗羲以暗藏在袖中的铁锥把许显纯打得血流满身，又殴打崔应元的胸部，并拔下他的胡须，后来带回家乡焚烧，告祭于父亲的灵位前。以后他又与周宗达的儿子周延祚等人，捶毙虐待刑杀他们父亲的狱卒叶咨、颜文仲。六月，会讯李实等宦官，他也同样在对簿时用铁锥殴击李实。最后朝廷终于判定曹钦程等人的罪状，当年黄尊素等被阉党陷害的冤情于是大白。黄宗羲乃偕同遇难者的子弟，在诏狱门前设祭，痛哭不已，观者莫不深受感动。明思宗闻知以后，赞叹他为"忠臣孝子"，感于他的忠孝，并没有追究他杀人、伤人之罪。

黄宗羲在洗雪了父亲的冤情以后，便回到家乡，更加用功读书。当黄尊素被捕时，在途中曾告诫宗羲道："不可不通知史事，可读《献征录》。"于是乃先读明代十三朝实录，然后再读二十一史，每天用朱笔圈点一本，黎明即起，直到夜深才休息，如此勤奋努力地从十九岁时开始，总共花了两年的时间，才阅读完毕。当时刘宗周正在浙江绍兴东北的蕺山讲学，黄宗羲秉承父亲的遗命，并且约了六十多人，共同前往受业。这时浙江一带的风气，因为受周汝登的影响，喜欢将佛学拿来附会儒家思想，王守仁以致良知为主旨，所倡立的姚江学派受到很大的歪曲。刘宗周深以为忧，乃以慎独为宗旨，固守王守仁之说。黄宗羲等人随刘宗周求学，都能力持师说，排击异端邪论，重气节而尚操守，个个都有很好的道德名望，为时人所敬重。

崇祯三年（1630），黄宗羲年二十一，在朋友的劝导下，参加南京解试，榜发落第，于是深深感觉到科举考试只是求取个人功名利禄的阶梯，并无关于真才实学，尤其当时科考所实行的八股文，更是限制了个人思想性灵的发挥。从此以后便时时不忘改革科举之事，在《明夷待访录》及其他著作中，经常提出许多革除科举积弊的主张和办法。

三、青年时期（参加结社活动时期）

明朝末年，读书人结社的风气很盛，最先是在天启年间，张溥、陈贞慧等人，组织了"应社"。随后又于崇祯时，在吴县集合南北文社中人，继东林讲学，取兴复继绝之意，取名为"复社"。当时浙中响应的人很多，以冯元飏、冯元飙兄弟为领袖，率同浙江青年才彦前往参加，黄宗羲兄弟三人均应邀入社。崇祯三年（1630），宗羲年二十一，奉祖母赴南京，正好南方各社举行大会，周镳招请他入社，何乔远也邀他参加诗社，与南方词人汪逸、林古度、黄居中、林云凤、闵景贤因而建立很深的交情。崇祯六年（1633），黄宗羲年二十四，在杭州南屏山下读书，与张岐然同学。张岐然在杭州组织"读书社"，又吴梦寅在石门组织"证社"，李文胤在鄞县组织"鉴湖社"，此外刘瑞当、姜埰愚也在慈水结社，黄宗羲都曾经参加，与他们相往来。但他对于结社仅讲求虚文，不求实事的做法，颇为不满。后来在晚年，他于鄞县举行"讲经会"，由讲文而读经，讲学以经史为依归，实事求是，不尚虚文，即是有鉴于此时结社诸友的流弊而引发的。

在黄宗羲所参加的会社之中，组织最大、影响最深的是"复社"。崇祯十一年（1638），他年二十九，遍游大江南北。当时朝廷起用马士英为凤阳都督，以阮大铖为援手，并且勾结宦官，势力日盛。阮大铖在南京，招朋引友，伺机观望，期待朝廷重用。这个阮大铖曾拜魏忠贤为义父，攻击东林党人。魏忠贤事败后，虽即时见风转舵，上疏弹劾魏忠贤，但仍被朝廷定入逆案，削夺官职。此时阮大铖极力拉拢复社中人，希望能得到东林遗族子弟的宽容，以求洗刷罪名，重登仕途。然而复社中的几位名流领袖却始终不为所动，黄宗羲尤其不齿于他的为人。不久，传闻阮大铖将以边才起用，复社中人便由陈贞慧、吴应箕执笔，草拟《南都防乱公揭》，举发阮大铖的罪状。署名者有一百四十人，大都是黄宗羲的朋友，大家公推顾杲为首，黄宗羲居次。黄宗羲又与被魏忠贤陷害诸人的子弟，大会于桃叶渡，声讨阮大铖的罪责。阮大铖恨之入骨，处心积虑地想找机会报复。崇祯十七年（清顺治元年，1644），黄宗羲三十五岁。李自成攻陷北京，明思宗殉难，阮大铖与马士英拥立福王于南京，以定策有功，把持朝政，便以东林为蝗，复社为蝻，将署名于《防乱揭》中的人，全部编列一份名册，称为《蝗蝻录》，准备兴起大狱，将他们一网杀尽，以报前恨。黄宗羲与顾杲、陈贞慧先后被捕，不久清兵即攻入南京，黄宗羲才仓皇逃回浙东。

四、壮年时期（从事复国运动时期）

崇祯十七年（1644），黄宗羲年三十五。四月，听说李自成攻陷北京，即与刘宗周至杭州，与章正宸、朱大典、熊汝霖计划招募义军。不久，福王监国于南京，黄宗羲乃上书朝廷，想为国效力，不料却为阮大铖所陷害。次年五月，清兵攻克南京，福王被捕遇难，接着嘉定、苏州相继失守。清兵所至，屠城据地，杀戮甚惨。两浙遗臣义士，纷起义师，奋勇抗清。闰六月，前吏部给事中熊雨霖、九江道金事孙嘉绩起兵余姚，并派遣举人张煌言迎立鲁王至绍兴即监国位。列兵钱塘江，画地戍守，清军南下之势才稍微戢止。当时黄宗羲兄弟也募集黄竹浦子弟数百人，徒步前往江边，担任防御工作，人称"世忠营"。黄宗羲曾向总兵王之仁建议，以为划江而守，无法长久支持，不如沉舟决战，渡海直趋浙西，却不被接纳。鲁王监国元年（顺治三年，1646），黄宗羲年三十七。鲁王任黄宗羲为兵部职方司主事，宗羲请求以布衣参军，不许。不久，又因柯夏卿、孙嘉绩的推荐，改监察御史，仍兼职方司事。黄宗羲又力陈西渡之策。五月，孙嘉绩把所属的火攻营士卒交付宗羲统率，再与余姚知县王正中的军队合并，共三千人，率兵攻陷海宁，驻军乍浦，准备直取海盐。但是到六月初，清兵突破钱塘江，王师溃散，鲁王由海道逃往福建。黄宗羲急忙回师余姚，而大势已无可挽救了，不得已，乃暂时遣散部队，只留下愿随军效忠者五百人，退守四明山，营建山寨以自守。黄宗羲自己微服潜出，想要访察鲁王下落，临行，吩咐属下茅瀚、汪涵多与山民联络，以期将来从事复兴大业。不料二人未遵从宗羲约束，在近村征粮，得罪山民，于是山民相约数千人，趁夜焚烧军队所驻屯的杖锡寺，士卒在睡梦中仓皇逃出，均被击毙，两个守将也被烧死，黄宗羲的部属至此完全被消灭。

四明事败后，清兵追捕黄宗羲甚急。宗羲乃回乡将母亲及家人安顿于化安山黄尊素的墓舍旁，自己另外到山中结庐隐居，研究天文历法。鲁王监国四年（顺治六年，1649），黄宗羲年四十，访知鲁王在福建，即奔赴行在，鲁王任命他为左金都御史，又升任左副都御史。此时他已无兵可领，日日与尚书吴钟峦对坐讲学，并继续研究天文历法。不久，清廷下令地方政府，查报南明不归顺遗臣的家眷，准备加以逮捕。黄宗羲乃向鲁王陈情，告假变换姓名，潜回家乡探望母亲及家小。这年十月，鲁王退守舟山，召遣黄宗羲与侍郎冯京第、澄波将军阮美向日本乞师援助，虽抵达长崎，却不得要领，失望而归。

当时浙东一带结寨自守者有好几处，其中以驻守杜岙的冯京第与驻守大岚山的王翊兵势最盛，都以四明山为根据地，承袭当年黄宗羲所立下的基础规模，给清兵很大的威胁。鲁王监国六年（顺治八年，1651），黄宗羲年四十二。清兵谋攻舟山，畏惧义兵势力的强盛，开始采取怀柔政策，招抚义兵，贪利之徒相继归附清廷，义兵溃散，冯、王二人也先后死义。这时黄宗羲唯恐舟山无备，于是派人入海告警，还未抵达，舟山即已沦陷。于是清廷追捕宗羲更急，黄宗羲乃携带家眷到处漂泊，过着居无定所的流亡生活。后来，清兵逐渐平定江南一带反抗势力，对黄宗羲虽无明令赦免，但已不再担心他起义，故亦不加追究。而黄宗羲也眼看大势已去，无法再图规复，乃重返故里定居，开始从事讲学著述的工作。

五、老年时期（讲学著述时期）

黄宗羲早年曾受业于刘宗周，受到刘宗周精神人格的感召，虽然很重视道德气节，但是由于还避免不了世俗科举观念的缠绕，体会并不深切。弘光元年（顺治二年，1645），刘宗周于清兵攻入杭州城以后，即绝食二十日而死，给予黄宗羲很大的刺激。后来他又身历家国的变乱，在颠沛流徙之中，感受更是深刻，于是以往胸中的窒碍完全消释，前来向他请教的人日渐增多。康熙四年（1665），黄宗羲年五十六。鄞县一带的秀异子弟，如万斯大、万斯同、陈锡嘏、仇兆鳌等二十余人，都到他的门下受学。其中最著名的是万氏兄弟，直接得到黄宗羲史学方面的传授，后来在史学研究上有很大的成就。康熙六年（1667），黄宗羲年五十八，到从前刘宗周讲学的证人书院担任主讲，重振二十多年前的学风，极力阐扬其师的学说。次年，他又到鄞县主持讲席，认为学问必须以六经为根本，如果束书不观，只从事于空谈，终究不能有心得，因此乃创设"讲经会"，令从学者确实地下一番读书的苦功夫。他以两年的时间，讲授《周易》和"三礼"，深有益于当时的学者。而他自己也因这几年的磨砺，学问大有增进，以周敦颐的濂学，程颢、程颐的洛学为统系，融会各家，对张载的礼教，邵雍的象数学，吕祖谦的文献学，薛季宣、陈傅良的经制学，叶适的文章，均能多方面地去研究会通。

由于黄宗羲的博学多闻，逐渐引起清廷的注重，有意起用他。先是绍兴知府拟聘他纂修郡志，宗羲去信婉言谢绝。后来浙江督抚又请他主修省志，他亦婉辞不就。康熙十七年（1678），黄宗羲年六十九。清廷诏征博学鸿儒，大学士叶方蔼当面向清圣祖推荐黄宗羲，并且已经移文吏部。所幸叶方蔼事先曾赠诗黄宗羲，怂恿他接受朝廷的征召，黄宗羲答诗告以不出之意。叶方蔼与黄宗羲在京城的门人陈锡嘏商量，陈锡嘏认为如果勉强黄宗羲接受，恐怕会逼使他为了成就志节而走上自绝之路，此事才作罢。次年，大学士徐元文、叶方蔼奉诏监修《明史》，以黄宗羲为世家子弟，家中藏有明代十三朝实录，又娴熟掌故，荐请朝廷征召黄宗羲同修《明史》，黄宗羲借口母老身病加以推辞，不得已，只好改征他的弟子万斯同及万斯同的侄子万言同修。康熙十九年（1679），黄宗羲年七十一。清廷再度以礼敦请修史，黄宗羲仍然婉言推却。徐元文了解他的心意，知道无法勉强招致，乃改请朝廷敕令浙江督抚遣人将黄宗羲所著及家藏有关史事的著作，抄付史馆。黄宗羲心想借此可表彰明朝忠烈事迹，才答应督抚的请求，派遣书吏数十人到家抄录有关文献进呈。此外，徐元文又延请黄宗羲的儿子黄百家至京城共同参订史事。康熙二十九年（1690），黄宗羲年八十一。清圣祖问尚书徐乾学，可有博学洽闻，文章尔雅，并可以备顾问咨询的人，徐乾学举黄宗羲以答。康熙皇帝即命令徐乾学征召黄宗羲至京城，并表明不任以职事，徐乾学奏称黄宗羲年已衰老，恐怕不能就道，康熙只有感叹人才难求而作罢。从此以后清廷才不再征召他。

黄宗羲晚年在讲学之余，更努力从事著述，他的一些主要著作，如《明夷待访录》《明文案》《明儒学案》《南雷文案》《南雷文定》《南雷文约》《今水经》《明文海》《明文授读》等，都是在此一时期先后撰述选编完成的。他从小即非常喜好读书，虽至年老力衰，仍然手不释卷。除了家中藏书以外，他又向同里钮石溪世学楼、祁承𤈱澹生堂，江苏黄居中千顷斋、钱谦益绛云楼，鄞县范钦天一阁，歙县郑平子丛桂堂，秀水曹秋岳静惕堂，吴县徐乾学传是楼等藏书家所家藏之书，借来抄录阅读。涉猎既多，取材自然很广，所以他的著作也就十分宏富。

康熙二十七年（1688），黄宗羲年七十九。在父亲黄尊素的墓旁，他营建生圹，墓穴中只安放了一张石床，不购置棺椁。康熙三十四年（1695），黄宗羲年八十六，于死前写了《末命》一篇，交代家人在他死后，将遗体用棕榈抬至圹中，只要垫覆一褥一被，不得增加，再让他穿戴角巾、深衣入殓下葬。同时他又告诫子孙，凡世俗折斋、做七等一些丧葬仪式，都一概免除。亲友来祭吊时，如赠送银钱香烛，应加辞谢，但有至亲好友愿在他的坟上种植五株梅树者，则必须稽首代他表达谢意。按，黄宗羲之所以遗命不用棺木，是因为自己身遭家国的变痛，希望死后遗体早些腐朽。所以要穿戴角巾、深衣等古代的冠服入殓，则是由于明朝已经覆亡，既不能采用明代衣冠，又不愿穿着清朝的衫帽的缘故。凡此均在表示他的怀念故国、不事异族之意，而他的高风亮节，也由是可见其一斑了。

附录二　黄宗羲的著作

　　黄宗羲天资颖悟，又受到家庭及师友的熏陶感染，从小便很用功读书。成年以后，在读书、讲学之余，他更努力从事著述，到老不衰。他认为做学问一定要先穷经，经书中的道理都是用来经营世务的，但是读经之外还要兼读史书，才不会食古不化、流为迂腐。在思想渊源上，他师事刘宗周，属于王守仁的姚江学派，但却以慎独为宗旨，主张力行实践，没有姚江学派末流空谈心性，堕入禅门的弊病。他以为前人批评佛学，都是不检佛书，只是谩骂而已，因此对佛理也颇费心研究，批评佛家自然能够深刻切要。在文学方面，黄宗羲对诗文都有很高的造诣，也有他自己的文学观，认为明代文学之所以会没落，是由于八股文为害，故极力主张改革时文。正因为他对各方面的学问均有所涉猎，所以著录非常宏富，经史子集四部都有。在他死后，全祖望为他所撰的《梨洲先生神道碑文》，以及江藩的《汉学师承记》中，都列有他的著作，后来黄蔚亭的《诵芬诗略》又稍有补充，谢国桢《黄梨洲学谱》即据以撰成著述考。兹依谢国桢《黄梨洲学谱》所载，将黄宗羲的著作胪列于下：

1.《明儒学案》六十二卷

2.《宋元学案》一百卷（未写定，由黄百家、全祖望补修完成）

3.《易学象数论》六卷

4.《授书随笔》一卷

5.《春秋日食历》一卷

6.《律吕新义》二卷

7.《孟子师说》七卷

8.《深衣考》一卷

9.《宋史补遗》三卷

10.《明史案》二百四十四卷

11.《行朝录》六卷

12.《弘光纪年》一卷

13.《汰存录》一卷

14.《海外恸哭记》一卷

15.《明季灾异录》一卷

16.《滇考》一卷

17.《授时历故》四卷

18.《大统历推法》一卷

19.《授时历假如》一卷

20.《西历假如》一卷

21.《回回历假如》一卷

22.《气运算法》一卷

23.《勾股图说》一卷

24.《开方命算》一卷

25.《割圆八线解》一卷

26.《测圆要义》一卷

27.《新推交食法授时历》一卷

28.《鲁监国大统历》

29.《历代甲子考》一卷

30.《今水经》一卷

31.《四明山志》九卷

32.《四明山水题考》一卷

33.《台宕纪游》一卷

34.《匡庐游录》二卷

35.《病榻随笔》一卷

36.《明文案》二百十七卷

37.《明文海》四百八十二卷

38.《明文授读》六十二卷

39.《续宋文鉴》

40.《元文钞》

41.《东浙文统》

42.《思旧录》二卷

43.《姚江文略》

44.《姚江诗略》

45.《姚江遗诗》十五卷

46.《子刘子行状》二卷

47.《南雷文案》十卷，外集二卷

48.《吾悔集》四卷

49.《撰杖集》四卷

50.《蜀山集》四卷

51.《庚戌集》

52.《南雷文定》三十二卷

53.《南雷文约》四卷

54.《梨洲集》

55.《南雷诗历》四卷

56.《明夷待访录》二卷

57.《金石要例》一卷

58.《留书》一卷

59.《破邪论》一卷

60.《西台恸哭记注》一卷

61.《冬青树引注》一卷

62.《天一阁书目》

63.《黄氏攟残集》七卷

64.《正气录》

65.《黄氏丧服制》一卷

66.《黄梨洲先生年谱》三卷（黄宗羲曾自撰年谱，后被火焚毁，其七世孙炳垕辑为三卷）

以上所列黄宗羲的著作六十六种，有些并未完成，有些只是稿本，没有出版，至今大都已经亡佚。搜集他的著作加以刊印的很多，其中以蒋振廛所编《黄梨洲遗书十种》（1905年，杭州群学社出版），以及薛凤昌所编《梨洲遗著汇刊》（1910年，上海时中书局出版。1927年，上海扫叶山房重印。1969年，台北隆言出版社又据扫叶山房本重印，共收黄宗羲遗著三十二种）较为完备。

《中国历代经典宝库》总目

第一辑

01. 论语——中国人的圣书
02. 孟子——儒者的良心
03. 大学·中庸——人性的试炼
04. 易经——卜辞看人生
05. 尚书——华夏的曙光
06. 诗经——先民的歌唱
07. 礼记——儒家的理想国
08. 左传——诸侯争盟记
09. 老子——生命的大智慧
10. 庄子——哲学的天籁

第二辑

11. 史记——历史的长城
12. 战国策——隽永的说辞
13. 资治通鉴——帝王的镜子
14. 洛阳伽蓝记——净土上的烽烟
15. 贞观政要——天可汗的时代
16. 东京梦华录——大城小调
17. 宋元学案——民族文化大觉醒
18. 明儒学案——民族文化再觉醒
19. 通典——典章制度的总汇
20. 文史通义——史笔与文心

第三辑

21. 墨子——救世的苦行者
22. 孙子兵法——不朽的战争艺术
23. 列子——御风而行的哲思
24. 荀子——人性的批判
25. 韩非子——国家的秩序
26. 盐铁论——汉代财经大辩论
27. 淮南子——神仙道家
28. 抱朴子——不死的探求
29. 世说新语——六朝异闻
30. 颜氏家训——一位父亲的叮咛

第四辑

31. 楚辞——泽畔的悲歌
32. 乐府——大地之歌
33. 文选——文学的御花园
34. 唐代诗选——大唐文化的奇葩
35. 唐宋词选——跨出诗的边疆
36. 唐宋八大家——大块文章
37. 唐代传奇——唐朝的短篇小说
38. 元人散曲——蒙元的新诗
39. 戏曲故事——看古人扮戏
40. 明清小品——性灵之声

第五辑

41. 宋明话本——听古人说书
42. 水浒传——梁山英雄榜
43. 三国演义——龙争虎斗
44. 西游记——取经的卡通
45. 封神榜——西周英雄传奇
46. 儒林外史——书生现形记
47. 红楼梦——失去的大观园
48. 聊斋志异——瓜棚下的怪谭
49. 镜花缘——镜里奇遇记
50. 老残游记——帝国的最后一瞥

第六辑

51. 山海经——神话的故乡
52. 说苑——妙语的花园
53. 神仙传——造化的钥匙
54. 高僧传——袈裟里的故事
55. 文心雕龙——古典文学的奥秘
56. 敦煌变文——石窟里的老传说
57. 六祖坛经——佛学的革命
58. 明夷待访录——忠臣孝子的悲愿
59. 闲情偶寄——艺术生活的结晶
60. 天工开物——科技的百科全书